素描黄宾虹

崇山峻岭秋林疏墨色
苍茫入画图八十叟画艺
叶清雅淡妍又潇舒
辛卯亥日 李岚清

"百年巨匠"素描／李岚清 绘

《百年巨匠》编委会

总 顾 问：蔡　武　胡振民　龚心瀚　王文章

顾　　问：刘大为　王明明　沈　鹏　吕章申　苏士澍

　　　　　尚长荣　濮存昕　傅庚辰　莫　言

主　　任：张自成

编　　委：张广然　何　洪　周　成

主　　编：刘铁巍

编 辑 组：张　玮　孙　霞　许海意　张晓曦　王　嫒

　　　　　张朔婷　陈博洋　周燕林

百年巨匠

Century Masters

黄宾虹

阳飏 ◎ 著

文物出版社

图书在版编目（CIP）数据

黄宾虹 / 阳飏著. -- 北京：文物出版社，2018.1
（百年巨匠）
ISBN 978-7-5010-5503-6

Ⅰ. ①黄… Ⅱ. ①阳… Ⅲ. ①黄宾虹（1865-1955）-传记 Ⅳ. ①K825.72

中国版本图书馆CIP数据核字(2017)第294707号

百年巨匠·黄宾虹

著　　者	阳　飏
总 策 划	刘铁巍　杨京岛
责任编辑	张朔婷　陈博洋
封面设计	子　旃
责任印制	张道奇
责任校对	孙　雷

出版发行	文物出版社
社　　址	北京市东直门内北小街2号楼
网　　址	http://www.wenwu.com
邮　　箱	web@wenwu.com
制版印刷	北京图文天地制版印刷有限公司
经　　销	新华书店
开　　本	710×1000　1/16
印　　张	13.5
版　　次	2018年1月第1版
印　　次	2018年1月第1次印刷
书　　号	ISBN 978-7-5010-5503-6
定　　价	49.80元

本书版权独家所有，非经授权，不得复制翻印

宣传巨匠推广大师 为时代树立标杆

蔡武

文化部原部长 《百年巨匠》总顾问

文化精品创作工程包括重大出版工程、影视精品工程。《百年巨匠》就是跨界融合的一个重大文化工程，它深具创意，立意高远，选题准确、全面，极富特色，内容精彩纷呈，内涵博大精深，基本涵盖了我国20世纪这一特定历史时期在文学艺术方面的成就及其代表人物。它讲述的不仅仅是各位巨匠的传奇人生，更是他们的文学艺术成就同民族、国家，同历史、文化，同当代世界，同20世纪风云激荡的年代，以及同人民的命运都是紧密相连的。他们的成就对整个社会产生了重要而深远的影响。因此，立足21世纪的当今，系统全面科学解读巨匠人生与大师艺术，有着特殊而积极的意义，是社会和时代的要求。

作为一个有影响力的文化品牌，《百年巨匠》的表现形式也是多样的。《百年巨匠》丛书和纪录片互动互补，是出版界与影视界的跨界合作与融合发展，形成了叠加影响和联动效应，进一步丰富和扩大了品牌的内涵和外延。在信息社会"四屏"时代，用这样的一种方式来表达重大深刻的主题，具有重大的创新意义，是对中华优秀文化传承发展进行创造性转化、创新性发展的成功探索。体现出强烈的历史感、时代性、民族性，具有鲜明的中国特色，必将产生深远的影响。

一个民族自立于世界民族之林，离不开民族的自信心与自尊心。而民族的自信心和自尊心有其思想基础和人文轨迹，即对民族文化的重要代表人物和优秀传统应当有比较全面的了解并进行广泛传播。一个国家的历史需要记录，文化艺术同样如此。《百年巨匠》丛书秉承文献性、真实性、生动性原则，客观还原大师原貌，以更为宏阔的历史维度对大师们所经历的时代给予不同视角的再现和解读，为读者开启一扇连接20世纪中国近现代文化艺术史的大门。

巨匠们的艺术成就、人生经历、精神高度，彰显了中华民族文化在这个时代所能达到的高度，不仅有文学艺术上和文化史上的价值，而且有人文思想美学上的划时代性贡献。《百年巨匠》可以增强我们的文化自信和实现中华民族伟大复兴的意志。

《百年巨匠》还有一个重要意义，它能够激励我们后来人砥砺奋进，勇攀高峰。这些文化艺术巨匠有着深厚的爱国情怀和强烈的民族责任感，他们将个人荣辱兴衰与国家、民族命运联系起来，用文化艺术去改变现实，实现理想。在新旧道德剧烈冲撞中，他们所表现出来的高风亮节是后来人的楷模。他们所传导出的强大正能量，会激励一代又一代广大读者，对促进我们整个民族新一代的教育与成长，有着非常重要的启迪意义。他们的精神是引领和鼓舞我们再出发的航标与风帆。

《百年巨匠》也给了我们很多的启示，可以帮助我们回答和破解"钱学森之问"。20世纪产生了那么多的大师，新世纪、新时期我们应该如何助推产生出新的大师？这些巨匠的成长轨迹给我们揭示了大师们成长的规律，如要深具家国情怀，要胸怀高远理想；要深深扎根于人民，与人民同呼吸共命运；既继承民族优秀传统文化,又要勇于创新;并以非常包容的心态去拥抱一切文明成果等。

《百年巨匠》仅反映了20世纪百年的文化形态和人文生态,我们应该把这个事业延续下去,面向21世纪。对艺术大师的发掘是通过他们的作品来体现的,而他们的作品既是中华文化的传承,又进一步丰富、创新了中华文化的构成。从这个意义上讲,宣传这些艺术巨匠就是弘扬中华文化。这些艺术巨匠作为中国名片,拥有较强的国际影响力,这一工程的推进,可以有效推动中华文化和中国出版走出去。不仅仅局限于艺术领域,还可以从广度上、外延上扩大至整个文化领域,甚至把科技、教育等领域的巨匠们也挖掘展示出来。

一个国家文化事业的繁荣与发展,既需要广大艺术家的努力,也需要大师巨匠的引领。宣传巨匠,推广大师,为时代树立标杆,无疑是我们责无旁贷的历史责任。巨匠之所以是巨匠,大师之所以能成为大师,是因为他们以具有强烈时代感和创新精神的作品站在了巅峰。而他们巨作的背后,是令人钦佩的工匠精神,这种工匠精神的发掘和弘扬在当下具有重要的现实意义。同时,这百年的文学艺术史已有的众多成果,从学术上也要系统总结。而长期以来一直困扰我们的一大难题,就是如何把这些重要的学术研究成果进行转化和再创造,使之成为可被大众接受、雅俗共赏的精品佳作。从这个意义上讲,《百年巨匠》丛书的出版也是非常值得赞许的。

当前,我们的文化艺术事业虽然取得了长足的进步,但是相对于时代的重任,人民的厚望,尚有作品趋势跟风、原创性匮乏、模仿严重等问题,希冀大家在《百年巨匠》作品中得到更多的启迪和感悟。

我们国家正处在重要的历史时期，为我们文艺创作提供了丰沃的土壤和广阔的空间。中华民族的伟大复兴，呼唤一切有为的文艺工作者，为繁荣中国特色社会主义文化、建设社会主义文化强国，奉献毕生的才华和创作热情，将高度的社会责任感和历史使命感化作文艺创作的巨大动力，创作出无愧于时代、无愧于祖国和人民的优秀文艺作品，让我们这个时代的文艺创作异彩纷呈，光耀世界。

目　录

引　言　　　　　　　　　　　　　　　　　　　／ 1

第一章　学画之初　革命志士　　　　　　　　　／ 1
　　　　读书仕进　　　　　　　　　　　　　　／ 2
　　　　"新安画派"之渊源　　　　　　　　　　／ 6
　　　　扬州归去来　　　　　　　　　　　　　／ 11
　　　　出走上海　　　　　　　　　　　　　　／ 15

第二章　寓居上海　铄古铸今　　　　　　　　　／ 23
　　　　编辑家、出版家、古董商人　　　　　　／ 24
　　　　艺术观念的碰撞　　　　　　　　　　　／ 29
　　　　宋若婴　　　　　　　　　　　　　　　／ 36
　　　　乌渡湖卜居之意　　　　　　　　　　　／ 39
　　　　"烂漫"年代的"烂漫"人物　　　　　　／ 48

第三章　山则一本万殊　水则万殊一本　　　　　／ 59
　　　　桂林山水　　　　　　　　　　　　　　／ 60
　　　　"五笔七墨"　　　　　　　　　　　　　／ 64
　　　　雁荡之行　　　　　　　　　　　　　　／ 73

第四章	我从何处得粉本　雨淋墙头月移壁	/ 77
	青城坐雨	/ 78
	瞿塘夜游	/ 88
	知白守黑	/ 94
第五章	浑厚华滋　胸中丘壑	/ 97
	沟通中西画学	/ 98
	"使笔墨变化于无穷者，在蘸水耳"	/ 104
	最后一次上黄山	/ 108
第六章	蛰居北平　守望"内美"	/ 117
	"竹北栘"	/ 118
	大道至简	/ 125
	所谓"衰年变法"	/ 130
	黑墨团中天地宽	/ 137
	国家之痛	/ 144
	八十寿辰	/ 150
	以画作书，以书作画	/ 156

第七章　成一家法　传无尽灯 / 165
　　杭州栖霞岭 / 166
　　以神遇而不以目视 / 175

尾　声 / 197

参考书目 / 199

引 言

黄宾虹1954年时曾拍过一张手持速写本写生的黑白照片,照片中他头戴瓜皮帽,脚穿老布鞋,一身黑棉袍,须眉皆白,寒风中似乎只见铮铮骨头的这位矍铄老人。人们似乎感觉到,天气如果再冷,这位老人就可以从身体中掏出一束火来,也就如同他拿出几张画纸来一样随意。

1984年,黄宾虹诞生120周年,邮电部发行了一枚"黄宾虹小型张"纪念邮票,用的也是这张照片。黑白分明的木刻设计,颇有一种巍巍然、卓然独立、傲视凌风的感觉。

再看油画家靳尚谊捐赠给上海美术馆的《晚年黄宾虹》,这幅油画表现出了中国文人的儒雅气质,将西方古典油画技法与中国画对笔墨的审美追求相结合,开创了独具东方情调的油画风格。而靳尚谊同时期的油画《画僧髡残》及《八大山人》,则有着和《晚年黄宾虹》一脉相承的神韵。正如画家自己所说:"黄宾

1954年,黄宾虹在写生

靳尚谊 《晚年黄宾虹》(油画)

虹的笔墨里抽象性很强，既有中国的传统又有时代意识。能不能通过画黄宾虹的肖像来研究水墨画和油画结合的问题？"

矗立在中国国家画院的吴为山那尊名为《画魂》的黄宾虹铜像，对比雕塑家参照的黄宾虹91岁时的那张照片，铜像则传达出了老人更具神采的一面。这尊雕塑有着东方美学传统中大气与传神写意的特质，手持速写本正在写生的黄宾虹，额头上刀削似的深深的皱纹，微微翘起的胡须，略略前倾站立的身姿，自然不自然地包裹着一种创造者使命感的倔强。

吴为山 《画魂》

同样根据黄宾虹手持速写本写生的照片所塑的位于西湖边的黄宾虹铜像，给人感觉就是一位孜孜不倦的老画家，在熙来攘往的游客和湿润的空气中正在一笔一笔虔诚地勾画着。

而黄宾虹家乡，安徽歙县黄宾虹公园内的黄宾虹塑像，则是一尊花岗岩坐像，正在作画的黄宾虹让人毫不怀疑地感触

西湖边的黄宾虹铜像

到，在他内心深处正精神抖擞地攀上了黄山的又一座高峰。

黄宾虹出生和少时生活过的浙江金华，格外表现出了对这位大画家的厚爱，除了黄宾虹广场、黄宾虹故居之外，还建有一座黄宾虹公园。一身铜绿、背着手的黄宾虹，站在书有"艺林展望"四字的粉壁前，他能够"展望"到背诵"四书五经"、初识笔墨的童年吗？

本书稿的写作方法作者自诩为"拔出萝卜带出泥",即在介绍黄宾虹一生及其成就的同时,捎带着介绍与其或多或少有所关联的诸多人物,这样可以相对清晰地理顺与黄宾虹亲疏远近的人物概况。当然,这种写作方法的不足之处,就是可能会耗费直奔主题的阅读兴致和时间。但是,这种记叙可以最大可能详尽地展现黄宾虹艺术生涯的人文环境,以及更为广阔的历史文化背景,还请读者原谅作者某些叙述的延宕和琐碎。

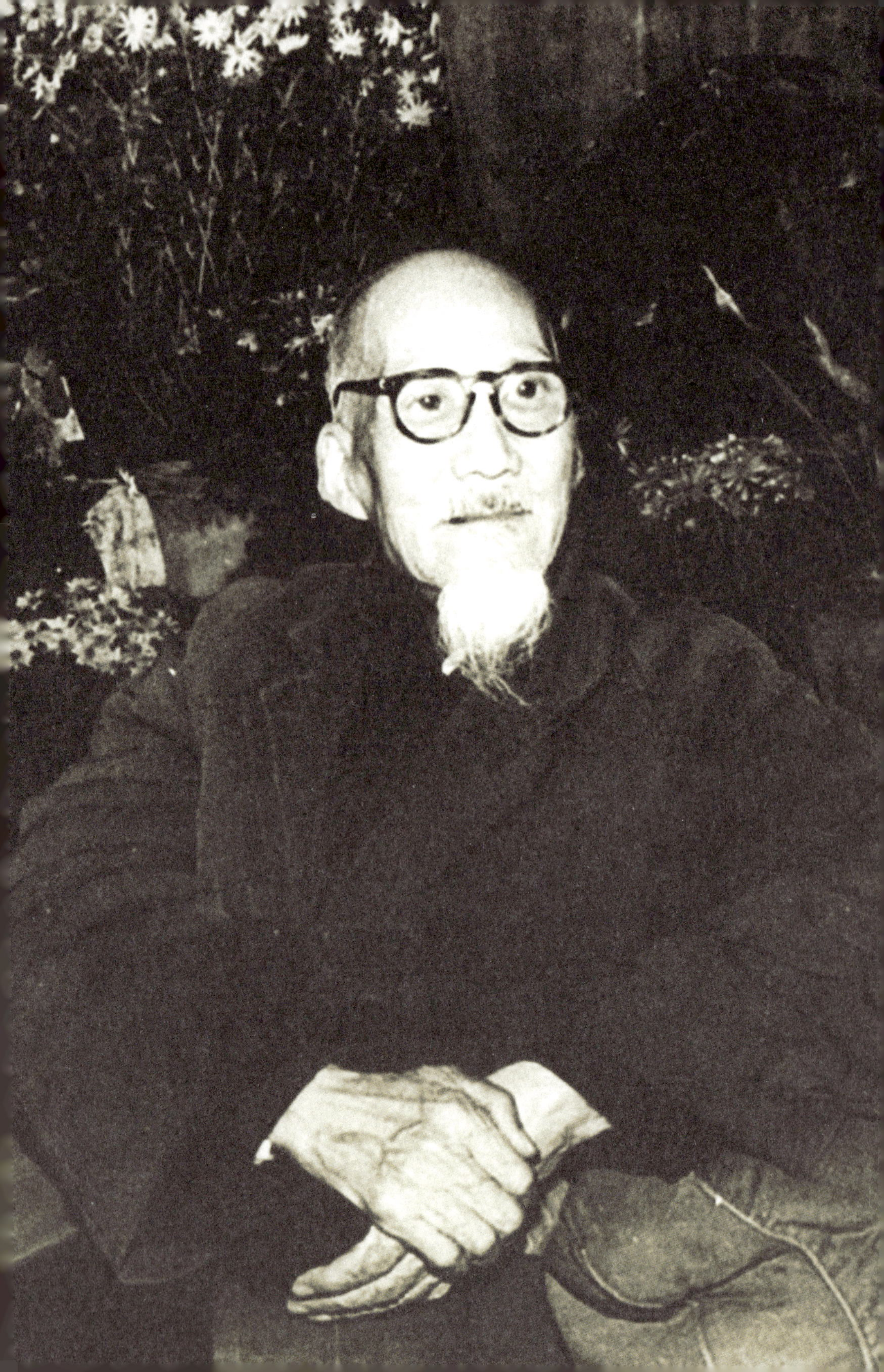

第一章 学画之初 革命志士

黄宾虹(一八六五～一九五五年),原名懋质,号滨虹,后改为宾虹,别署予向,晚年署虹叟、黄山山中人等。祖籍安徽歙县西乡潭渡村。

因「甲午战争」失败,一八九五年清政府签订了丧权辱国的《马关条约》。以康有为、梁启超为首的在京会试举子「公车上书」。黄宾虹在家服丧期间听到这一消息,激动地致信康、梁,赞同变法主张。

读书仕进

黄宾虹（1865～1955年），原名懋质，号滨虹，后改为宾虹，别署予向，晚年署虹叟、黄山山中人等，祖籍安徽歙县西乡潭渡村。

歙县是徽墨的发祥地，素有"墨都"之称，自唐代就盛产墨、砚，并被定为贡品。

黄宾虹出生在金华县城西铁岭一个徽商家庭，父亲黄定华是一位喜欢舞文弄墨的商号老板。黄宾虹4岁时，每每看到生意之余的父亲写字作画，也就学着父亲的模样抓一杆笔在纸上写写画画。

黄宾虹幼年家塾从师甚多，历聘邵赋清、程健行、赵经田、应芷宾、李灼先、李咏棠诸先生来家授读。

老师是园丁，植树育人，黄宾虹是一棵什么树？金华多山茶，歙县多梅。知道"十八学士"山茶树吗？同一棵树上能够开出多种颜色的花——深红、桃红、粉红、雪白、乳白、红中加白、白中加红……梅树更不用说了，《梅花引》《梅弄影》《一剪梅》……一阕阕词牌后面，风吹着含苞的黄宾虹。

清代前辈乡亲沈庭瑞山水笔意疏落，尤工画松。6岁时，黄宾虹开始临摹家藏的沈庭瑞山水册，极得老师亲友的赞许。

这天，黄氏同族翰林黄崇惺，去福建上任路过此地前来拜访，黄宾虹和父亲陪黄崇惺游金华八咏楼。正值秋季，黄崇惺指着红叶问黄宾虹，黄宾虹随口吟出一句唐代诗人杜牧的诗："霜叶红于二月花。"黄崇惺又问："可知蚱蜢为舴艋之谐声？""小舟，象形之意。"黄宾虹接着又念出李清照避难金华时所作的词："只恐双溪舴艋舟，载不动，许多愁。"

南宋女词人李清照因战乱两次避难金华，并且写了一首颇有气势的《题八咏楼》："千古风流八咏楼，江山留与后人愁。水通南国三千里，气压江城十四州。"

听罢黄宾虹的回答，黄崇惺大加赞赏。黄崇惺到福建上任后，托人带来其所著《劝学赘言》等书，他为少年黄宾虹树立了一种读书仕进、为文做人的人生理想。

倪逸甫是父亲的画家朋友。倪逸甫有一句话让黄宾虹终生受用："当如作字法，笔笔宜分明，方不致为画匠也。"黄宾虹曾临其所作《松菊图》。

黄宾虹10岁时随父亲游览杭州，在父亲朋友处见到王蒙山水画，印象极深。王蒙与黄公望、倪瓒、吴镇并列为"元四家"，曾被倪瓒誉为"笔力能扛鼎。"王蒙用笔繁复的画风影响了黄宾虹的一生。

黄宾虹11岁时，临刻家藏的清代前辈乡亲邓石如印集篆刻十多方，父亲不信，待亲眼见他操刀，方才相信。

凡一个地方持续性地出现大家，是不是和所谓的"地气"有关？耳濡目染之外，"地气"也可谓因素之一吗？譬如安徽生长香樟树、红豆杉树之类，西北只生长一些槐树、柳树、沙枣树等耐旱树种？

邓石如以隶法作篆，

王蒙 《青卞隐居图》（局部）

书体接近秦瓦当和汉碑额，开"印从书出"之先河。邓石如的篆刻被称为"邓派"，晚清吴熙载、赵之谦、吴昌硕等均受其影响。

吴熙载一生成就最大的是篆刻，深得邓石如精髓，而又能上追汉印。一生刻印数以万计，对清末印坛影响很大。

金石篆刻笔意入画，作品苍劲凝重的赵之谦有评，邓石如天分四人六，包世臣天分三人七，吴熙载天分一人九，自己则是天分七人三。赵之谦倒是不客气，自谓天分在诸人之上。依赵之谦所说，简直要让人同情天分仅一的吴熙载，仿佛是个体力劳动者。

1876年，13岁的黄宾虹随父亲回到家乡歙县，参加一年一度的乡试，考中秀才。

黄宾虹遵父命拜歙县西溪汪宗沂为师，汪宗沂人品、学养与爱国思想对黄宾虹影响很大，他还随汪宗沂弹琴、习剑。

汪宗沂曾任李鸿章幕僚，因不能尽其才而辞归，主讲于安庆

王蒙 《青卞隐居图》

敬敷、芜湖中江、徽州紫阳等书院，后在家开经馆授徒，有"江南大儒"之称。

黄宾虹20岁时，以秀才的身份应试举人，却名落孙山。仕途暗淡，但是人生的路才刚刚开始，还要一步一步走下去。就好似站在自己梦的边缘，梦醒了？还是接着做梦？

"新安画派"之渊源

黄宾虹在故里旧族处得观所藏古代书画真迹,尤喜董其昌、查士标的山水画,每天临摹,一个月下来竟然临摹了几百张。

董其昌是中国书画史上一位分水岭式的人物,他首提"南北宗"画论,影响深远。董其昌不重写实,而是讲究笔意墨韵,追求平淡天真、清润明丽的格调。在师承古代名家的基础上,将书法的笔墨修养融会于绘画之中,所作山川木石,柔中有骨力,转折灵变,墨色层次分明,拙中带秀,清隽雅逸。

查士标与弘仁、孙逸、汪无端被称为"新安四家"。曾随黄宾虹学习山水之道,意在山水,却结果于草书的书法家林散之认为:"新安画派至宾虹师乃集大成,此海内公评,非余一人之私议也。"所以,有必要在此先对"新安四家"做一简

《青城纪游》(局部)

董其昌作品

董其昌作品（局部）

第一章　学画之初　革命志士

弘仁 《披云峰图轴》

单介绍。

查士标，歙县相邻的休宁人，他的山水画笔墨疏简，风神懒散，气韵荒寒。查士标常常白天睡觉，晚上作画，自号"懒标""散人"，"不求闻达，一室之外，山水而已"。明亡后避地新安山中，后寓居扬州待鹤楼，《广陵诗事》记载："户户杯盘江千里，家家画轴查二瞻。"江千里，扬州人，明末清初镶嵌漆器工艺家。意思是说有钱人家都使用江千里的螺钿漆器，墙上挂着查士标的山水画，生活非常雅致。查士标73岁时还在扬州与孔尚任、龚贤、石涛等参加过春江诗社。

弘仁，歙县人，流经歙县境内的那一段新安江，当地人称为"渐江"。由此，我们不难知道弘仁缘何号渐江学人、渐江僧了。明亡后，弘仁曾数度参与抗清复明的斗争，希望彻底破灭后，遂怀着亡国之恨在武夷山落发为僧，结庵莲花峰下，饱览黄山的怪石、松涛、云海奇景。弘仁的山水画擅长于干笔，笔多简略，以奇见长，奇中藏冷。清康熙二年（1663年），弘仁欲再游黄山，不料染疾，一日忽掷帽大呼："我佛如来观世音！"遂圆寂。

孙逸，休宁人，山水画简而意足，画有歙山二十四图。亦工花卉。

汪无端，休宁人，清代张庚《国朝画征录》记载，他"酒酣兴发，

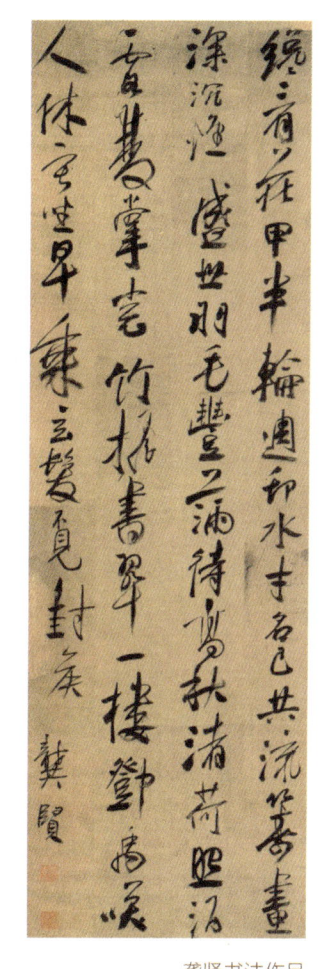

龚贤书法作品

落笔如风雨骤至，终日可得数十幅。兴尽僵卧，或屡日不起"。

最早把新安山水画家们称之为"派"的是龚贤。为孔尚任赢得大名的"借离合之情，写兴亡之感，实事实人，有凭有据"的《桃花扇》，据说，其中许多内容就是龚贤的亲身经历。龚贤在题一幅山水画卷的跋语中首先提出"天都派"。天都为天都峰，是黄山七十二峰中最为险峻雄奇，具有代表性的峰峦，人们常以"天都"指代黄山、新安。龚贤所称的"天都派"即后人所称的"新安派"。

王伯敏编著的《黄宾虹画语录》称龚贤："用墨胜过明人，我曾师法。"黄宾虹1903年在南京访清凉山龚贤扫叶楼，观赏到十余幅龚贤的黄山山水巨制。

画家卢辅圣谈到黄宾虹和新安画派的关系，认为："黄宾虹接受新安画派，一方面是他家乡的原因，接触艺术资源比较方便，当然也有思想上共鸣的原因。那种艺术跟他当时的思想状况比较一致。"

由于"新安四家"等一批明末清初的徽籍遗民画家活跃于徽州地区，源于家国民族之痛的强烈个性意识，他们借景抒情，表达了自己心灵的逸气，并且提倡画家的人品和气节因素。"新安四家"等画家的绘画风格趋于枯淡幽冷，具有鲜明的士人逸品格调，因为地缘关系、人生信念与画风都具有同一性质。徽州在秦、晋时曾设新安郡，新安江又是这一带的重要河流，故以"新安画派"称之。

黄宾虹23岁时，与同乡19岁的洪家女洪四果成婚。同年应试得补禀贡生，月银四两，也就是有资格享受奖学金。清政府饥馑干旱之年的雨也算是有几滴落到了黄宾虹身上。

扬州归去来

黄宾虹24岁这一年赴扬州，借住在家族的一个远亲家里。这家世代为官，收藏了不少宋元名家的山水画真迹。黄宾虹如获至宝，终日临摹。

扬州生活是陌生而又亲切的。"扬州八怪"已经成了背影未远的繁华往事，金农的梅花漆书、郑板桥的墨竹八分书、汪士慎的梅花草书……扬州的园林、古琴……扬州的诗歌——李白有诗句："故人西辞黄鹤楼，烟花三月下扬州。"杜牧有诗句："十年一觉扬州梦，赢得青楼薄幸名。"梁殷云有诗句："腰缠十万贯，骑鹤下扬州。"徐凝有诗句："天下三分明月夜，二分无赖是扬州。"——扬州有"二分明月楼"，这名字真好，好得让人不忍大声呼出。唐代徐凝诗名不大，但这两句称得上千古绝叹。赵孟頫则有诗句："春风阆苑三千客，明月扬州第一楼。"

经人介绍，黄宾虹在扬州两淮盐运使程桓署内做录事，办理文书。

关于黄宾虹在扬州的这段经历，扬州中国雕版印刷博物馆、扬州博物馆馆长顾风说："当时对于年轻的黄宾虹来说，可以选择的地方很多。特别是开放不久的上海，新兴工业蓬勃发展的无锡，包括杭州，但是为什么选择扬州，我觉得这是一种必然。因为自古以来安徽和扬州属于

青年时期的黄宾虹

陈崇光作品

一个行政区，所以在风俗习惯、环境上有着一种千丝万缕的联系。为什么扬州会成为徽商的天下？这个跟地域是有很大关系的。出来闯荡是徽州的一个传统，年轻人要让他尽早在社会环境中去成长，去发展。因为当时有相当多的徽籍人士在扬州，大部分从事跟盐有关的职业。黄宾虹到扬州来，首先他有各种各样的社会关系，容易站住脚。当然，年轻的黄宾虹他也有对艺术学习的渴望。当时的扬州正处在一个已经衰落下去的竞争当中，一盆熊熊燃烧的火正在慢慢熄灭。扬州这个中国封建社会发展繁荣、经济文化重要的城市，对黄宾虹的艺术学习和发展提供了得天独厚的条件。"

"黄宾虹有机会到一些旧家族去观赏他们的收藏，这个对于黄宾虹来讲也非常重要。扬州的经历对于黄宾虹来讲，不仅对于后来的人生发展提供了很多重要的经验，而且他的眼界，他的艺术方面的熏陶，对他后来的艺术发展也有很大的帮助。"

"处在一个已经衰落的扬州，'海上画派'在上海已经崛起，扬州相当一批画家到上海去卖画，加入到'海上画派'的行列中去。尽管如此，扬州当时还有大量的画家，笔根不错，靠自己的艺术来谋生。试想这么一个城市，这么一种文化艺术的氛围，对年轻的黄宾虹来讲是很震撼的，对他艺术方面的滋养、文化方面的熏陶，都是极为重要的一笔宝贵财富。"

《黄宾虹年谱》记载：

> 时郑珊、陈崇光均在扬州，公利用公余时间，分别从郑学山水，从陈学花鸟。

郑珊，年少时以卖蒸糕为生，所作山水皆古秀雄健，笔意苍厚。偶写花卉，亦有韵致。授黄宾虹"实处易，虚处难"六字画诀。

黄宾虹后来曾在《古画微》书中评介郑珊：

> 山水笔力坚凝，设色静雅，此近古中之尤佼佼者也。

陈崇光，字若木，初为雕花工，后为虞蟾弟子。虞蟾被称为"太

郑珊作品　　　　　　　　陈崇光作品

平天国第一画家"。陈崇光随虞蟾同在天京（今南京）绘制壁画，太平天国失败后返回扬州。工花鸟、人物、草虫、山水，尤长双钩花卉，为当时扬州大家。陈崇光50岁左右不幸得了疯癫病，加上丧妻之痛，终日浪荡在外，作画愈趋苍老。58岁即在疯癫折磨下去世。

黄宾虹受其影响至深，谓之"举清末维扬画界佼佼者，仅陈若木一人而已"。黄宾虹后来写有《近数十年画者评》，对陈若木做过详尽介绍，还收藏有陈若木的《猫蝶黄菊图》《梅花》《花卉》等画作。

在程桓之子程夔引荐下，黄宾虹得以观赏到一些扬州收藏家所藏书画。并先后廉价购得旧书画近三百件，多为明代名迹。黄宾虹曾记载，扬州当时旧书画便宜，即便石涛、云林之作，索价多在十元左右，尺幅册页之类，每元或能易得二三叶。

然而，官场中的勾心斗角让黄宾虹实在难以容忍，只得辞职。有诗："扬州小录事，拂袖归去来。"

出走上海

黄宾虹由扬州经杭州回金华探望双亲,适逢父亲的生意不堪亏累,遂协助父亲清理账务,留下两个已出嫁的妹妹和一个在别的商家做徒弟的四弟,全家迁回老家歙县潭渡村,买下族亲旧屋。因潭渡村有座潭渡桥,桥的南端有一宾虹亭,故名旧屋为"虹庐"。

旧屋外有一玲珑古雅、状如灵芝的大石头,人称石芝,为黄氏祖先遗物。黄宾虹画室亦名为"石芝阁"或"石芝室",其早期画作常有"写于石芝阁"或"写于石芝室"的题款。

经商失败的父亲回到家乡后,开办了一间制作徽墨的作坊。黄宾虹帮父亲制墨的同时,也了解了不同墨的特点。也许正是因为这段特殊经历,才使得黄宾虹对墨的用法不同于他人,晚年更是达到了出神入化的境地。

歙县制墨历史久远,南唐时期歙县徽墨名家朱逢,曾被画家顾闳中所画《韩熙载夜宴图》中的巨宦韩熙载,请到自家书馆旁烧烟制墨,名其作坊为"化松堂",名其墨为"云中子""麝香月"。

《山水》(局部)

《宛委藏书图》

黄宾虹一边帮父亲制墨，一边研读墨史、墨谱等书籍。据说，黄宾虹自己还发明了一种"焦墨"，专门用于积墨山水的创作。

黄宾虹学画废寝忘食，有一次去洪坑岳父村看画，借到一幅元代古画带回来临摹，因天色已晚，过一桥时，策马疾驰，猛撞到对面墙上，人马俱伤，回家后包扎吊起受伤的左臂，一只手坚持临摹，三天后按时将画送还。

黄宾虹在歙县汪溶家观赏到石涛《黄山图》，狂喜之余，却又无奈不得借回家临摹。黄宾虹念念不忘，夜间梦见此画及石涛，次晨画其像，并默写其图，题诗：

寂寂黄山觅隐沦，百年僧济忽翻身。愿君三六峰头影，黄浣红飞十丈尘。

石涛名重于世，作画淋漓洒脱，以奔放之势见胜，对清代以至现当代的中国绘画发展都产生了极为深远的意义。

石涛《苦瓜和尚画语录》有言："名山许游未许画，画必似之山必怪；变幻神奇懵懂间，不似之似当下拜。"其观念对黄宾虹的影响是极为明显的。

黄山风景是那一时期黄宾虹反复创作的山水画题材，属意山水，借助超凡脱俗的黄山，表达了自己当时淡泊致远的情怀——其实，年轻时候快乐不觉，老了以后，痛苦也能品出快乐成分的人，那才是一种真正的饱经世故之后的情怀。

石涛 《黄山图》(局部)

同样的山水,再看,墨色如铁,墨色当作苔藓看。

　　山峰有千态万状,所以气象万千,它如人的状貌,百个人有百个样,有的如童稚玩耍,嬉嬉笑笑,活活泼泼;有的如力士角斗,各不相让,其气甚壮;有的如老人对坐,读书论画,最为幽静;有的如歌女舞蹈,高低有节拍;当云雾来时,变化更多;峰峦隐没之际,有的如少女含羞,避而不见人;有的如盗贼乱窜,探头又探脑,变化之丰富,都可以静而求之。

　　半个世纪之后,黄宾虹用极富诗意的文字,再一次形象地描述了在他心里耸立的黄山。

　　因"甲午战争"失败,1895年,清政府签订了丧权辱国的《马关条约》。以康有为、梁启超为首的在京会试举子"公车上书"。黄宾虹在家服丧期间听到这一消息,激动地致信康、梁,赞同变法主张。

　　这一年夏天,变法维新的另一位重要人物谭嗣同,经安徽贵池赴上海,黄宾虹

《白岳纪游》

《乐居图》

知道后,特赶赴贵池与他会面。后来,黄宾虹回忆谭嗣同,说谭嗣同是豪侠之士,维新爱国,可敬可佩。

黄宾虹与业师汪宗沂、武举人洪佩泉共商谋事,组织民众操练拳剑和骑术,以图策应可能的事变。

黄宾虹尊崇的"元四家"之一吴镇,年少好剑术,就曾想当个靠一把剑闯荡天下的侠客,生逢乱世,剑比笔好用,这道理似乎谁都懂。

当"戊戌维新"失败的消息传来,黄宾虹得知谭嗣同已被杀,放声大哭,愤然写下了"千年蒿里颂,不愧道中人"的挽诗。

时间转到1948年时,正值谭嗣同殉难50年,忆想风雨如磐的故人往事,黄宾虹内心沉痛难抑:

> 复生(谭嗣同字)的出生,迟我五十天,而今别我已五十年。复生洒尽苌弘血,虽不能复生,而复生之名,便是五百年后,仍然活在世人的心中。

黄宾虹因"维新派同谋者"的罪名被告发。幸而事前获悉,立即出逃,过了一年颠沛流离的逃亡生活。

"庚子之变",八国联军攻占北京,清政府签订丧权辱国的《辛丑

第一章 学画之初 革命志士

19

《青城秀色》

条约》，无暇顾及维新余党，黄宾虹才得以返乡，途经宣城响山时，触景生情赋诗一首：

  苛敛追捕谷弃农，盗由民化困穷凶；却为当道豺狼迫，狮吼空山一震聋。

1905年冬，歙县历史上第一所中学"新安中学堂"成立，黄宾虹被聘为国文教授。后来，他又邀陈去病来新安中学堂教书。

陈去病是江苏吴江人，曾在家乡组织雪耻会，鼓吹维新与革命，早年参加同盟会，追随孙中山先生，宣传革命不遗余力。在推翻满清帝制的辛亥革命和讨伐袁世凯的护法运动中，都作出了重要贡献。陈去病诗多抒发爱国激情，风格苍健悲壮。因读西汉将军霍去病"匈奴未灭，何以家为"毅然易名"去病"。黄宾虹曾为陈去病画《征献论词图》。

黄宾虹与许承尧、陈去病等在新安中学组织"黄社"，他们打着明末思想家黄宗羲的旗帜，明里研究诗文，暗中宣传革命思想，意图推翻清朝统治。

许承尧乃中国"末代翰林"之一，许承尧家的大厅及两旁廊庑所挂的书画，大都为明代以前的作品，间有少数清代、近代者，如石涛、石溪、查士标等人的作品，许承尧有《咏斋中挂壁书画八首》，写的是方环山的画、朱竹垞的书、王阮亭的书、吴梅村的画并书、施愚山的书、梅瞿山的画、董其昌的画、吴中道的画、章太炎的书、龚半千的画，这些是常挂在他书房的书画——哪一个名字在中国书画史上都是气贯如虹。

1906年，黄宾虹兼任于安徽公学，当时陈独秀、刘师培、陶成章、苏曼殊、陈去病等都是该校教员——一个个振聋发聩的名字，每个人都是一部风雷激荡的历史缩写本。其时，国内各地纷纷成立各种革命组织，除孙中山的兴中会外，还有华兴会、光复会等等。

　　黄宾虹接受革命党安排，决定在自家后院私铸铜币，一方面作为革命党的活动经费，另一方面用以扰乱清朝的币制。革命党人从外地运来了铸币机，还派一名师傅负责铸造技术。正当首批铜钱出坯，等待印字之际，私铸铜币被人告发，黄宾虹闻讯连夜出走到了上海。

　　像是准备好了等待一个人，上海，他来了。

第二章 寓居上海 铄古铸今

黄宾虹居上海三十来年，却始终没有融入「海派画家」，在他晚年的论述里，除对「海派画家」先驱赵之谦、中后期巨擘吴昌硕，以及画风相对古典、水墨淋漓的蒲华表示过敬意，余皆极少评说。究其深层原因，当然是艺术思想渊源的相异所致。

编辑家、出版家、古董商人

20世纪20年代末的黄宾虹（中）

正值辛亥革命前夜，黄宾虹在上海积极参与编刊物、办报纸，加入"国学保存会"。

闻名于时的国粹派组织者和理论家邓实，因作品兼有唐诗文采风华与宋诗峭健骨格、人称"唐面宋骨"的黄节等人，深感外国列强多方盗窃我国历代文物、书画，十分痛心，决定成立"国学保存会"。这也可以说是一场"发明国学，保存国粹"的学术救亡运动。

黄宾虹担任"国学保存会"主办的《国粹学报》主笔，同时，还和邓实、黄节等人创办了《政艺通报》《国学丛编》等书刊，这些书报、刊物大都具有爱国主义和民族主义思想，不少属于清朝"禁书"。清朝自康熙、雍正和乾隆时期的"禁书"开始，亦总是伴随着血腥镇压，这也是清朝禁书的最大特色。

那时影响最大的就是出版后不久，即成为"禁书"的魏源1842年著成的《海国图志》，书的宗旨原本是让中国人"睁眼看世界"，提出"师夷长技以制夷"。而在日本，《海国图志》却成为畅销书，日本的维新思想家利用《海国图志》提供的世界知识，结合日本实际，提出维新改革的主张，继而掀开了日本明治维新的序幕。

黄宾虹与邓实合编《美术丛书》，全书辑录美术论著257种，包括书画、雕刻摹印、瓷铜玉石、文艺及杂记等五类，是近代以来最大也是观念最新的艺术类丛书。他主编的《神州国光集》，则专门发表古代书画金石影印拓本，且是中国第一次用珂罗版印刷的画集。在此后民国时期的相当一段时间内，珂罗版影印画册之风盛行。

鲁迅在1913年2月12日的日记中记有：

> ……赴厂甸阅所陈书画。买《画征录》一部三册，三角；《神州大观》第一册，一元六角半，此即《神州国光集》所改，而楮墨较佳，册子亦较大。拟自此册起，连续买之。

1908年，黄宾虹参加了"海上题襟馆金石书画会"。次年，经中国第一个"以保存金石、研究印学，兼及书画"为宗旨的学术团体"西泠印社"社长吴昌硕介绍，加入西泠印社。

《溪山添秀图轴》（局部）

《南山雅集图》

《山水》

《山水》

黄宾虹又与柳亚子、陈去病等发起以研究文学提倡气节为宗旨的"南社"。柳亚子说:"它的宗旨是反抗清朝,它的名字叫南社,就是反对北庭的标帜。""我们发起南社是想和中国同盟会互为犄角。"

南社第一次雅集1909年11月13日在苏州虎丘张公祠举行。参加雅集的南社同仁们一个个无不慷慨陈词。

柳亚子赋诗:"寂寞湖山歌舞尽,无端豪俊又重来……登高能赋寻常事,要挽银河注酒杯。"曾经写诗哭邹容、悼秋瑾,当面斥责蒋介石,把吴铁城、杜月笙逐出家门的柳亚子,描写自己和毛泽东的关系,也是:"除却毛公即柳公,纷纭余子虎龙从。"可谓狂放不羁。

黄宾虹则是挥毫作了一幅《南山雅集图》,以纪盛会。并且赋诗:"漫天一色乱云浮,黄叶萧疏已入秋。却喜南华刚读罢,会心濠濮惠庄游。"

此诗后来题在为"江南三名士"之一的胡石予所作的《近游图》上。

胡石予自谓"四壁纵横五千卷,一楼坐卧十三年"。其一生可谓"桃李天下",他的学生有叶圣陶、顾颉刚、余天遂、王伯祥、吴湖帆、范烟桥、

1929年，教育部第一届全国美术展览同人合影。左起第一排为黄宾虹、杨清磐、吴湖帆、张大千、叶恭绰、孟寿春、关伯珩、张善孖

  蒋吟秋、江红蕉、郑逸梅、顾廷龙等一批日后成名的人物。胡石予一生俭朴，只穿布衣不穿丝绸，刻"大布之衣"一印以自励，朋辈多以"胡布衣"相称。

  武昌起义后，上海商团攻打沪南高昌庙军械局时，商团执事提前告知黄宾虹，请他担任外线的一项传递。当商团攻下高昌庙军械局时，黄宾虹兴奋地高悬事先制作好的大幅白旗，庆祝上海光复。当时悬白旗表示正大光明。

  忽然想到"海派画家"任伯年，他年少时曾经参加过太平天国，并且在李秀成部担任"掌军旗"之职，当时军旗较大，"战时麾之，以为前驱"。太平天国失败后，流浪至上海，后随任熊、任薰学画，以卖画为生。

  阴差阳错，黄宾虹和任伯年一样，改造旧社会的热血激情，最终都一笔一笔变成了纵横开阖的笔墨江山。

  辛亥革命成功，黄宾虹谢绝了原安徽公学同仁安徽督军柏文蔚和都督府秘书长韩衍要他前往任职的电邀。

　　1912年，黄宾虹在上海愚园参加南社雅集，作山水立轴，款署"宾虹写"，这是最早的"宾虹"款。

　　黄宾虹任主编的《神州日报》，因袁世凯为复辟帝制遣人巨款收购，遂辞职。

　　这一年，黄宾虹在上海竞雄女学兼职任教。该校乃为纪念秋瑾而创办，孙中山曾为竞雄女学手书"巾帼英雄"横额。

　　为了生计，黄宾虹还经营了一家名"宙合斋"的古玩店，请书画家和文物鉴赏家李瑞清写了副楹联："宙有往古来今之训，合于天工物巧而珍。"古玩店很快就成为了上海文人雅士谈诗论画的场所。据说，喜欢古物的鲁迅和一些左翼文人也都经常来这里论古道今。

艺术观念的碰撞

黄宾虹参加了高剑父、高奇峰兄弟创办的《真相画报》的编辑工作。因在时事评议专栏中，表现出反对袁世凯复辟的强烈色彩，所以仅一年就被迫停刊了。

高剑父曾留学日本，受到日本画家以西方绘画变革日本画的启发，同时又接受了民主革命思想，立志对中国画进行革新。高剑父和高奇峰、陈树人注重"写生"，以崭新的画风，给当时画坛以耳目一新的印象，被称为"岭南三杰"；而以郑曼陀为首的画时装美女图的"月份牌画家"们，则标榜"写实"，当时的社会舆论都认为这些是"美术的进步"。由此，继"海派画家"之后，广东的"岭南画派"也

郑曼陀作品　　　　　　吴昌硕作品（局部）

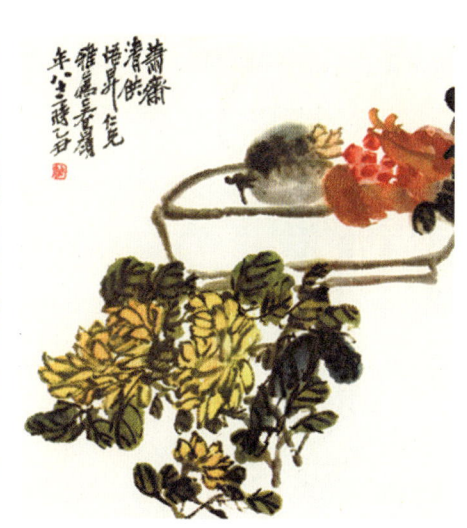

高剑父作品

虚谷作品

成为当时最成体系、影响最大的一个画派。

和高剑父、高奇峰一味求新的艺术观念不一样，黄宾虹的艺术思想和他们是有分歧的。黄宾虹所推崇的笔墨精神则是把"复古"视为革新。

而之后的"岭南画派"第二代画家关山月、黎雄才等，无论审美意识和艺术成就，则都远远超越了前辈。

"海派画家"与"岭南画派"在一致的时代背景和血脉传承下，形成了各自卓然不同的风格，展示了中国画多样性和多元化的艺术特征。

如果大胆假设一下，同样画一颗桃子，"海派画家"是青中有红；"岭南画派"是红中见青；"月份牌画家"也许就是熟透了的红，最红处点的还是唇红，滚滚红尘的红。那么，少颜无色的黄宾虹会画一颗什么样的桃子？

黄宾虹后来在给傅雷的信中谈道：

高奇峰作品

蒲华作品（局部）

第二章　寓居上海　铄古铸今

今次举近十年之作，大抵自行练习。原画用墨居多数，故暗滞不合时，不如"四王"之漂亮，画月份牌则到处受欢迎。然松柏后凋，不与凡卉争荣，得自守其贞操。

可想而知，少颜无色的黄宾虹会画一颗什么样的桃子。

吴昌硕、虚谷、蒲华、任伯年被称作"海派四杰"。"海派画家"还有诸多画家，如被称为"前海派"的赵之谦，以及任薰、高邕之、林琴南，以及陈半丁、吴湖帆、钱瘦铁等 —— 当历史翻过这一页时，后人总结出了一张蔚为大观的"海上画派"名单。其实，说简单了，也就是一群寓居上海，意趣、志向相投的画家，地域乃一个流派生存发展及终成大气候的地理基础，如同"扬州八怪"画派一样，也是汇集了当时经贸发达的扬州及周边地区一帮舞文弄墨的哥们儿，最后均成为啸聚纸上的各方诸侯。

黄宾虹居上海三十来年，却始终没有融入"海派画家"，在他晚年的论述里，除对"海派画家"先驱赵之谦、中后期巨擘吴昌硕，以及画风相对古典、水墨淋漓的蒲华表示过敬意 ——"海上名家蒲作英(蒲华)，山水为胜，虽粗不犷，实驾驭古人而之上之"，余皆极少评说。究其深层原因，当然是艺术思想渊源的相异所致。

画家卢辅圣说：

> 黄宾虹到了上海以后，当时的上海画风应该是两路，一路类似于任伯年，还有一路吴昌硕，吴昌硕那一路是金石学的东西参与进去了。
>
> 当时上海画家圈里并不把黄宾虹作为画家看待，他有点像理论家，或者是搞出版、搞新闻的，或者是研究文字学什么的，他在那方面的角色更显著。
>
> 大家看不懂黄宾虹的画，并不认可他的画，认为他的画

1929年，黄宾虹与中外画家合影：前排左三张善孖，中排左二黄宾虹，左五王一亭

太粗拙。他说大家都喜欢"四王"，喜欢月份牌那样的东西。就是表面比较漂亮的东西，他恰恰要反对那个漂亮，所以他到晚年总结出来一个叫内美。他追求的是内美，外观粗拙而内美。

黄宾虹艺术的变化是逐步的，他并不是刻意的，但有些东西是他一辈子所坚持的，比如说他小时候就得到的那种信念，比如书画同源也同法，书法就是画法，画法就是书法。所以人家要很刻意去追求比如说以书画，或者书画某一些东西进行嫁接启发，对他用不着。他那个画画跟写字是太一致了。也正是如此，他会在晚年逐渐总结梳理出非常理论化的东西，比如五笔七墨，比如太极图的那个结构方式，比如说书法与画法的那种统一性的阐述，比如说他对形、神、美所谓三角的认识，这些都与众不同，跟他几十年漫长的自我修炼，成为一种个体化状态，是分不开的。

黄宾虹与其交往密切的吴昌硕合作了一幅《蕉石图》，吴昌硕题：

> 耕民将东渡，索余画已久，写此以应。适朴存先生来，补一石，增色不少。吴昌硕时年七十。

吴昌硕精诗书画印，他把书法、篆刻的行笔、运刀及章法、体势融入绘画，所谓"强抱篆隶作狂草"，形成了富有金石味、粗放雄强、刚中有柔的独特画风；黄宾虹强调书法入画的重要，注重金石文字、图案纹样与书画的相通性，阴柔蕴藉，柔内含刚。吴昌硕得力于《石鼓文》，黄宾虹得力于钟鼎及汉印。如果没有书法的功力，断然不会有吴昌硕，也不会有黄宾虹后来的大家气象。

应康有为之请，黄宾虹主编《国是报》，曾约稿于陈独秀。后因办报意见不合，不久辞去。当年的热血青年已经成

黄宾虹、吴昌硕 《蕉石图》

为了一个理性的求索者。

黄宾虹为陈树人译述的日本《新画法》一书作序。

陈树人参与过国民党改组工作，曾任国民党广东省代省长等职，后辞职专心画艺。其画风清新、恬淡、空灵，独树一帜，与高剑父、高奇峰并称为"二高一陈"，同为岭南画派的创始人。

1915年女儿映班病逝；1916年、1917年，黄宾虹的两个儿子相继被肺结核病夺去了生命。洪夫人回了老家，留下黄宾虹一个人在上海。

1918年6月，黄宾虹和黄节同去杭州参加苏曼殊殡葬，并为苏曼殊画册题签："曼殊上人妙墨。"

被柳亚子赞为"不可无一，不可有二"的苏曼殊，乃"一代情僧、诗僧、画僧和革命僧"。黄宾虹和苏曼殊曾同为安徽公学教员，又同为南社成员。

杭州。苏曼殊。李叔同。这一年，34岁的苏曼殊辞世，会不会以一部被誉为"民国初年第一部成功之作"，写自己飘零身世和悲剧爱情的小说《断鸿零雁记》，而和他身后的"鸳鸯蝴蝶派"剪不断理还乱呢？这一年，38岁的南社成员李叔同在杭州虎跑寺剃度为僧，从此，红尘中少了一个名士李叔同，佛门中多了一位高僧弘一法师。

杭州。苏堤。白堤。断桥像是一笔行到半截的墨，迟迟疑疑地停下了笔 —— 只是断桥不断，何谓断桥？

1919年发生了影响中国历史进程的"五四"新文化运动。

宋若婴

黄宾虹夫人宋若婴

《黄山游记》（局部）

为照顾黄宾虹的日常生活，乡居的洪夫人曾为他找了个金华女子——我们今天看来纯属荒谬的事情，在那个年代却是极其正常的习俗而已。齐白石也是一生有两妻室。而获得过西方多所名校13个博士学位、精通9种语言的辜鸿铭，对男人和女人有过一个非常有趣的比喻，说男人像茶壶，女人像茶杯，一把茶壶可以配几个茶杯，没有一个茶杯配几个茶壶的道理——出自这位所谓"晚清第一名士"口中的哪里是什么道理，歪理都不是。黄宾虹自己经朋友介绍，选择了17岁的宋若婴，而"若婴"名字就是黄宾虹所起。

所谓"君子不器，柔之若婴"。

有必要略略介绍一下这位陪伴了黄宾虹后半生的宋若婴。

宋若婴是安徽无为人，父亲是一个做金银器首饰的手工艺人，家里的日子过得十分拮据。她有兄弟姊妹四个，宋若婴十来岁的时候，被人拐卖到了上海，黄宾虹用300块大洋为她赎身，还把宋若婴送到爱国女学学习了一个时期。1920年，黄宾虹与宋若婴成婚，相偕并带寄寓的侄女黄映芬同游杭州西湖、天目山等地。1922年6月13日夜，黄宾虹所居宝山路宅邻居家失火，黄宾虹不在家，宋若婴抱着怀中的孩子，把那个装有收藏金印、银印、玉印的箱子交给了佣人。没想到，邻居家的火被扑灭后，那个箱子竟被趁火打劫的盗贼抢走了。宋若婴后来每每忆及此事，总是后悔不迭。黄宾虹收藏的心爱之物一夜之间没有了，对他打击非常大，他说，连生活都没有生趣了。

洪夫人有时候来上海，宋若婴就像对待自己的亲人一样予以照

宋若婴（中）和黄宾虹侄女黄映芬（右）等合影

洪四果

宋若婴

顾。黄宾虹每月要给洪夫人寄生活费用，有时忙起来忘了，宋若婴便会提醒他，让赶快给"大姆"（宋若婴对洪夫人的尊称）寄去。宋若婴还几次去歙县看望洪夫人，让自己的亲生儿子映宇在歙县陪洪夫人过了三年，以慰其寂寞。

那一时期，黄宾虹发起组织了"中国金石书画艺观学会"，创办《艺观》画刊和《艺观》杂志，画刊印的承办人是黄宾虹，宋若婴则是"庶务"。

洪夫人1936年在老家病故，宋若婴前往料理丧事。黄宾虹撰写《洪夫人行状略述》，除了对洪夫人的美德予以褒扬外，还特别写到宋、洪二人的关系，称洪夫人"念余旅食辛劳，因为置侧室持门户，往来沪寓，亲爱如手足……"

黄宾虹和宋若婴一生共育有二子一女。

一个散发着那个时代古旧气息的故事，今天读来依然感人。

不过，这个原本温馨故事的结局却并不美满。"文革"开始后，已是六十多岁的宋若婴被一次次拉出去批斗。经受不住摧残和伤害，再加之生活的困苦，宋若婴于1971年含冤去世，享年66岁。

乌渡湖卜居之意

1922年，发明四角号码检字法的出版家、后来出任商务印书馆总经理的王云五，介绍黄宾虹入商务印书馆编译所事务部，任美术部主任。

黄宾虹与人合作《冷香阁图卷》，并作《金松岑招饮虎丘冷香阁用李龙堪原韵》古诗一首，追述当年南社第一次虎丘雅集盛况。

甲午战争后，金松岑与陈去病组织"雪耻学会"，意图维新救国雪耻。应蔡元培之邀，金松岑赴沪参加中国教育会和爱国学社，回同里创办中国教育会同里支部。《苏报》案发（清政府为镇压资产阶级民主革命思潮而罗织的文字狱，是辛亥革命前著名的反清政治案件），金松岑回乡筹措经费，延请律师为章太炎、邹容辩护，资助邹容抨击清政府的卖国罪行，号召以革命推翻满清政府的《革命军》一书的出版。《革命军》的出版，《苏报》的介绍，章太炎《序》的刊布，皆在当时有很大影响。

八大山人作品

《山水卷》

  与钱名山、胡石予合称"江南三名士"的高吹万游黄山归来，黄宾虹为老朋友作《黄山图》。黄宾虹曾在南社第一次雅集时画赠胡石予。高吹万晚年生活颠沛流离，穷困潦倒，在租住的房屋门上贴一对联："世间唯有读书好，天下无如吃饭难。"

  黄宾虹刊于《南社湘集》底页的《黄宾虹山水画启》，自订书画润格：

> ……朱元璋何惭乞米，唐六如（唐寅）不使孽钱，遂卖画中之山，为煮林间之石。至若倪迂（倪瓒）高逸，设色仅赠于征君，曹髦风流，写真每逢夫佳士，只可偶然，不在斯例。

  与曹髦有何关系？曹髦乃魏文帝曹丕之孙，三国时期曹魏第四任皇帝，曹髦对司马氏兄弟的专横跋扈十分不满，说"司马昭之心，路人所知也"。被司马昭指使人所杀。会不会是唐代画马著称的曹霸的笔误？据史乘记载，曹霸倒是曹髦的后人。

想到"扬州八怪"之一郑板桥所订的润格：

  大幅六两，中幅四两，小幅二两，书条、对联一两，扇子、斗方五钱，凡送礼物、食物，总不如白银为妙，公之所送未必弟之所好也，送现银则心中喜乐，书画皆佳，礼物既属纠缠，赊欠尤恐赖账，年老神倦，亦不能陪诸君子作无益语言也。

齐白石居室长年挂着其所定润格：

  卖画不论交情，君子有耻，请照润格出钱……

另有一张告白：

  花卉加虫鸟，每一只加十元，藤萝加蜜蜂，每只加二十元。减价者，亏人利己，余不乐见。

齐白石画寿桃，据说除了按润

《黄山游记》

张善孖 《飞虎图》

格计费以外，还要另按所画桃的颜色浓淡和桃的大小加价。齐白石实在是有趣，这白胡子老头有些时候简直就像他笔下的一只老猫一样可爱。此还想说，他画的老鼠和老猫一样可爱 —— 小老鼠，上灯台，偷油吃，下不来……

比起郑板桥和齐白石，黄宾虹后来又几次重订书画润格，也还算是谦虚多了。

黄宾虹租住在西门路西成里张善孖、张大千兄弟楼上。张善孖乃画虎大家，号虎痴。为了能随时观察虎的形态、习性，便于写生、描画，张善孖曾在家院养了一只老虎。黄宾虹在门口贴了一副对联："虹飞雨霁，虎啸风生。"

那个年代的书画家多是趣味之人，所画墨竹被誉为"蒲竹"，草书入画、笔墨酣畅的蒲华，其所居处邻近有外国墓地，遂自书对联："老骥伏杨，洋鬼比邻。"

石溪作品

美国空军上校陈纳德率美空军志愿队援华作战，张善孖画《飞虎图》相赠，陈纳德即将志愿队改名为"飞虎队"，并按《飞虎图》做了旗帜和徽章。"飞虎队"在华作战十分勇敢，日军飞行员曾为之闻风丧胆。《飞虎图》现藏美国国家博物馆。

黄宾虹为神州国光社出版的《释石涛花卉册》撰文《释石涛小传》：

> 石涛作品能兼众长，少年画笔极工，细如游丝；晚年纵逸之气，可与徐青藤媲美，盖其纯而后肆，非若后世粗犷怪诞，即自诩为能事者已。

和黄宾虹楼上楼下居住的张大千亦对石涛尤为推崇，他把石涛的艺术比喻成万里长城。张大千以善仿石涛画而闻名于世，坊间流传着诸多张大千与石涛假画的有趣故事。

后人把所谓"黄山画派"的弘仁、石溪和石涛，另外加上八大山人，谓之"清初四僧"——他们可谓占据了清初画界的半壁江山，"清初四僧"隐逸的画风和以摹古而名世，与被奉为正宗的"清初四王"形成对峙。

所谓"清初四王"，即王时敏、王鉴、王翚、王原祁，这几个人均出身于绅宦世家或文学绘画世家。锦衣玉食的"清初四王"和青灯僧服的"清初四僧"就像是两股道上跑的驴马车——当然，这话也不全对，我们说"清初四王"趋于儒，"清初四僧"趋于禅，不同的生活际遇造就了不同的绘画趣味。与"清初四王"相异的是，"清初四僧"不是国恨就是家仇，如果仅仅是简单地说他们画风的"对峙"，那无非是后世研究者归纳出来的一种概念性词语。

后人说，"清初四王"之一的王原祁依然毫不吝啬地赞石涛："海内丹青家不能尽识，而大江以南当推石涛为第一。"

石涛 《搜尽奇峰打草稿图》（局部）

齐白石更绝，他时不时地流露出儿童般的天真：

> 青藤、雪个、大涤子之画，能横涂纵抹，或为诸君磨墨理纸。诸君不纳，余于门之外，饿而不去，亦快事也。

自谓开一代画风的青藤徐渭，下启"扬州八怪"的郑板桥、李鱓等，以及吴昌硕、齐白石诸人，在美术史上有着很高的地位。郑板桥曾刻过一枚"徐青藤门下走狗郑燮"的印章,以表达对徐渭的仰慕之情。

雪个八大山人的画前承古人,后启来者,其最突出的特点是"少",有时满幅纸张只画一鸟一鱼或一石一花,不过几笔便成一画,实可谓惜墨如金。笔墨融入了个人强烈的主观意识,尤其注重物象的人格化表现,以象征手法表达隐晦的寓意。黄宾虹誉其有"不屑不洁之贞志"以及"有不可仅以画史目之者"。

《山水》

大涤子石涛的画具有一种豪放郁勃的气势,其绘画实践和艺术主张都对后世产生了重要影响。其论著《苦瓜和尚画语录》阐述了他对山水画的认识,主张"借古以开今""我用我法"和"搜尽奇峰打草稿"等,在中国画史上具有重要意义。

青藤徐渭、雪个八大山人、大涤子石涛 —— 齐白石、黄宾虹隔着泛黄的纸向他们遥遥致意。

应老朋友汪律本之邀,黄宾虹曾数次去交通便利、南邻黄山的安徽贵池,那儿也是他曾经与谭嗣同见面的地方。

唐代诗人杜牧有诗《清明》:"清明时节雨纷纷,路上行人欲断魂;借问酒家何处有,牧童遥指杏花村。"杏花村就在贵池。

杏花村古时方圆十里,杏树万株,村中有茅舍酒坊。还有清溪麦鱼、秋浦花鳜,以及齐山摩崖石刻、昭明太子钓台、宋代包公井、明代百牙山塔、大王洞溶洞群等等。

乌渡湖在贵池城西七八公里处,黄宾虹与汪律本为老乡、画友。清亡,汪律本隐居池州乌渡湖,画山水、花卉,别有逸致。汪律本宅后院有一

《乌渡湖一角》

棵几人合抱粗的古松，汪律本在松下特设一榻，日日坐卧其下，丹青临写。

黄宾虹曾作有《汪氏北坨古松歌》，有赠其族亲中堂画，并题诗曰："竹杖纶巾避俗翁，闭门终日坐高松。抱琴却是无弹处，流水高山一万重。"好地方应该也是写给自己的。

黄宾虹数度游览乌渡湖，竟然萌生卜居之心。在汪律本的帮助下，于乌渡湖东南角围湖造田约百亩，在乌渡湖畔王家坨造屋三间。不成想，那一年连续不断的暴雨引发的山洪，转瞬之间，就让黄宾虹本来还有心归隐的幻想破灭了。加之汪律本病逝，贵池就此成了黄宾虹的伤心之地。

黄宾虹画过一幅《乌渡湖一角》，画面上，略施青色的山峰笔墨匆匆，远山迷蒙，有独木桥可以过河，小船幽寂，几间屋舍散落，一室内有人独坐，正用乡音在心里念出画上题识：

池阳有斋山，秋浦之胜囊，拟卜筑其间，因图乌渡湖一角。宾虹纪游。

这幅画就像是黄宾虹为自己设计的晚年。回忆是蘸着新墨画一群旧日麻雀，叽叽喳喳的麻雀一哄而散。乌渡湖成为回忆。

再想想，如果《乌渡湖一角》真要是成为黄宾虹的生活现实，倒会让人想起王徽之雪夜访戴逵，乘兴而来、兴尽而归的故事。且不管春夏秋冬，只要客人来了，直接进屋。来，先敬白居易一杯！唐代大诗人说得好："绿蚁新醅酒，红泥小火炉。晚来天欲雪，能饮一杯无。"欲雪不欲雪又有什么关系？开喝，就喝出魏晋风度！喝醉了酒打铁、弹琴，喝醉了酒仰望星空或者吃"五石散"脱光衣服，喝醉了酒扪虱而谈——在作者来看，《乌渡湖一角》，来了客人写字作画，促膝而谈，喝壶热茶也就足矣。

书生无奢求，倒像是好日子在这幅画里全都有了。

"烂漫"年代的"烂漫"人物

《古画微》1925年由上海商务印书馆出版，这也是黄宾虹研究中国画史的一部重要著作。这一年，黄宾虹离开商务印书馆，复入有正书局，编印《中国名画集》。

1926年，黄宾虹等组织发起以"保存国粹，发扬国光，研究艺术，启人雅尚之心"为宗旨的"中国金石书画艺观学会"，主持《艺观》画刊及杂志的编务工作。

黄宾虹1926年为冯文凤作《碧梧仙馆图》及《丹枫白凤图》。

民国时期的书画界，奇男奇女尽可以排着队数，奇女子当数冯文凤。冯文凤，1902年生，名鹭，广东鹤山人，曾留学意大利学习油画。父亲是岭南书法名家冯师韩，因精于隶书，与邓尔雅有"邓篆冯隶"之称。冯文凤幼承家学，最擅长的也是隶书。除了中国书画与西方绘画，冯文凤还懂摄影、雕塑、音乐、会骑术、游泳，可谓多才多艺。13岁的冯文凤曾在香港《华字日报》刊登《鹤山女子冯文凤隶书润格》："二宣四屏八元；大宣四屏十元；楹联折半；随封加一。润资先惠，十日应付。接理处：水车馆口瑞兴隆。"六年后冯文凤又刊登广告，称自鬻书卖

《山水》（局部）

1934年，中国女子书画会第一届展会同人合影。前排坐着左起第四人为顾飞，后排立者右起第二人为宋若婴，右三为黄映芬

画以来，计得楹联1362对、画18帧，"现因学年俱进，昔日之作，颇不满意，拟赎回补过。凡还我书者，奉银一元，还我画者廿元。"并重新制订润例。奇人奇事轰动一时。

冯文凤16岁在香港创办香港女子书画学校，18岁在上海举办"华人女子美术展览会"。香港女子书画学校后来还在上海设立了分校，1934年，冯文凤与李秋君、陈小翠、顾青瑶、谢月眉、顾飞在上海成立中国女子书画会，这也是中国历史上第一个女子书画会，她还与陈小翠、谢月眉、顾飞在上海连续举办"四家书画展览会"。

冯文凤的丈夫邓仲和，原是冯家的家仆，已婚，有妻儿，冯文凤却一心要嫁他。邓仲和入赘冯家后突然暴富，又赌又嫖，一口气娶了四个妾，冯文凤说："纳第一妾，气恼者是我，如今他纳了第四妾，气恼在第二第三妾，干我何事！"从此，书画之外，多养名犬名猫。

不仅仅是冯文凤，略查资料，李秋君、陈小翠、顾青瑶、谢月眉、顾飞，哪一个人的经历都可以说是奇人奇事，绝对可以编撰成一本民国女书画家逸闻趣事的书。那个年代红颜女子的故事，肯定好看。

　　黄宾虹年谱上提及的门生有冯文凤、顾飞、黄冰清。后来的女弟子还有沅陵、赵含因、汪水清、谈月色等。

　　再说几句黄宾虹女弟子顾飞的一个回忆片段。说那时黄宾虹闲暇时自制一种印有"中国艺观学会仿宋纸"字样的宣纸出售。这是一种用九分水一分生豆浆兑配液刷在纸上做成的半生半熟的宣纸，宣纸打湿后，放在床的棕棚上晾干，黄宾虹亲自和宋若婴一起动手制作——倘若这种技艺流传至今，抑或会被列为国家非物质文化遗产保护项目。

　　1928年，黄宾虹与曾熙、俞剑华、张善孖、张大千、马骀、熊松泉等八人组织"烂漫社"，黄宾虹被推为社长，出版《烂漫社同人画集》。

《江行杂咏》　　《江行山色》

　　曾熙，清光绪年进士，先后主讲衡阳石鼓书院、汉寿龙池书院。工诗文，擅书画，与李瑞清有"北李南曾"之说。李瑞清乃中国近现代教育奠基人、现代美术教育先驱、现代高等师范教育开拓者。李瑞清逝世，曾熙协助办理丧事，因李

第二章 寓居上海 铄古铸今

《秦山雁声》

瑞清号梅庵、梅痴、阿梅,自称梅花庵道人,遂在南京牛首山梅岭其墓旁植梅花300株,筑室数间,题名"玉梅花庵",以志其号。

俞剑华,出版有《中国绘画史》《中国画论类编》等近千万字的美术史论著作,系中国绘画史论家、中国画家、美术教育家。

马骀,画家、美术理论家和教育家,所作教范画谱《马骀画宝》24卷,流传极广,多次影印再版。黄宾虹为该书作序,称"马君企周,画宗南北,艺擅文词,众善兼该,各各精妙"。

熊松泉,能左手作画,挥洒自如,尤擅走兽,所绘狮独称于时,与画虎驰名的张善孖齐名,人称"张虎熊狮"。

遥想的"烂漫"年代,一个个遥想的"烂漫"人物,风吹了上百年,他们的背影依然没有远去。他们身穿浅蓝布大褂——当然,这

《十年说梦图》

是作者的臆想，也许他们其中有人早已西服革履，还打上了领带，没有关系，他们只是在人们心中身穿浅蓝布大褂，他们一个个酒香诗书画香，慢步缓行，正因为他们肚子里装的知识多不宜疾行啊。他们走过去的时候，身后路边树上的花像是喃喃自语着，就一朵一朵兀自开了。

1930年黄宾虹获比利时国际博览会奖

1929年4月10日，第一次全国美术展览会在上海开幕，这是近代中国历史上第一次全国性的大型美术展览，黄宾虹参加了展出工作。展览会会刊还发表了黄宾虹《画家品格之区异》的文章。

刘海粟携黄宾虹等人的画作，参加了比利时独立一百周年纪念国际博览会，黄宾虹获"珍品特别奖"。

黄宾虹自撰《生平简述》："比利时百年纪念国际博览会，友人携拙画参加，获奖评，至今犹颜汗焉。"所获奖状、奖章现还保存在浙江省博物馆。

为汪己文作《卷施阁图》并赋诗一首。汪己文曾任歙县县立小学校长，抗日战争爆发，任歙县战地服务团团长，旋任第三区区长，编写《抗日三字经》，进行救亡宣传。离任后家居清贫，三区人馈米以济，黄宾虹还曾为之作《送米图》——无缘见到此图，山水之间踟躅着一个肩挑米担子的人吗？黄宾虹的山水适合点缀一肩挑古书的人。黄宾虹心仪的"元四家"之一王蒙，曾经画过一幅《葛稚川移居图》，表现了道家虚静淡泊的精神境界。画中身着道服的葛洪手执羽扇，在

王蒙 《葛稚川移居图》

黄宾虹印章

黄宾虹落款

山中一便桥上牵鹿回首眺望——鹿角上如果挂一册葛洪所著线装本的《抱朴子》或者《神仙传》,不是更可谓妙哉?好日子纸上看看也就罢了,柴米油盐的生活还要一天一天过。

为邓尔雅作《绿绮园图》,邓为其刻印:"宾虹"。

邓尔雅因得唐代绿绮台琴及明末今释和尚《绿绮台琴歌》手卷,遂名其室曰"绿绮园",自署"绿绮台主"。邓尔雅将此琴视同性命。

绿绮台琴为唐代斫制的名琴,琴底颈部刻有八分书"绿绮台"三个字,右侧有楷书"大唐武德二年制"七个字。绿绮台琴曾为明代皇帝朱厚照所有,明末,为诗人邝露所得。据传,明朝灭亡城破时,邝露将平生所藏的古董、古书环列身旁,弹着绿绮台琴殉国——让人想起阮籍临刑索弹《广陵散》,音乐史上有"嵇琴阮啸"的说法,指的就是魏晋"竹林七贤"饮酒兴酣,嵇康弹琴、阮籍吹口哨之事。清朝末年,绿绮台琴被张敬修购得,他专门在东莞可园修了一座"绿绮楼"。民国初年,张家逐渐中落,遂卖给了邓尔雅。得琴后,邓尔雅刻"十四年八月得邝湛若绿绮台"及"绿绮台"两印,又以

1934年，黄宾虹在上海与黄少强、陆丹林、赵少昂、贺天健、郑午昌等友人合影。前排右一为黄宾虹

《记绿绮台琴》诗作记："邝子死抱琴，癖琴留至今，忽生山水感，犹有凤凰心。"

想起另一位被吴昌硕称为"富于笔墨穷于命"，雅好古琴佳砚的蒲华，遇即购藏，其居室亦名曰"九琴十砚斋"。

黄宾虹这一时期发表了论述玺印历史、流派以及印谱源流、摹印篆法、刀法的《叙摹印》，以及《宾虹论画》。关于古印文字、画史画理渊源的著述，达上百万字。

叶恭绰邀约黄宾虹创办中国文艺学院，后改名为中国艺术专科学校，任院长。不久，辞去院长职，专任教授，并兼昌明艺术专科学校教席。叶恭绰乃书画家、收藏家、政治活动家，出身书香门第，留日时加入孙中山领导的同盟会。曾任北洋政府交通总长、孙中山广州国民政府财政部长、南京国民政府铁道部长等职。

有感于中国画界的零落衰敝，黄宾虹与叶恭绰、陆丹林等筹组"中国画会"，成为一个全国性的艺术团体，黄宾虹曾任执监委员。画会编辑出版了《国画月刊》，一批中国画家"大声疾呼挽山水画于狂澜之既倒"。

陆丹林曾主编过许多报刊杂志，尤其以文史和书画刊物而闻名。我们常见的孙中山墨迹"博爱"，就是孙中山先生亲笔书赠陆丹林的横幅。

黄宾虹在上海美术专科学校任教授，教国画理论课。当时同在一个学校的任教者还有陈树人、潘天寿、张大千、诸闻韵、傅雷等。

作者见过一幅陈树人的半身自画像，立领黑色马褂，脸上淡墨渲染，一副眼镜尤为醒目，背景是斜倚的梅枝。画完自画像，细雨天，画家没有打伞就出门了，高剑父、高奇峰正等着他，三个人约好要在细雨中合张影。

潘天寿作画笔墨苍古、凝练老辣，而且大气磅礴，雄浑奇崛，墨彩纵横交错，具有摄人心魄的力量感和现代结构美。其指画别具一格，成就极大。顺带说几句与指画有关的话：清代指画家高其佩，自谓"指头生活"；唐代张璪有作画时"或以手摸绢素"的记载；明代吴伟被后世奉为"指画"创始人；明末清初的

《碧梧仙馆图》

第二章 寓居上海 铄古铸今

《山水》

书画家傅山亦作有指书、指画；清朝入关后的第一代皇帝，仅仅活了23岁就因患天花去世的顺治，也曾经以指画牛。吴昌硕评价潘天寿："天惊地怪见落笔，巷语街谈总入诗。"

张大千是一位极具传奇色彩的人物，绘画、书法、篆刻、诗词无所不通。在山水画方面卓有成就。后旅居海外，画风工写结合，重彩、水墨融为一体，尤其是泼墨与泼彩，开创了新的艺术风格。其自撰对联"百年诗酒风流客，一个乾坤浪荡人"，基本概括了他的一生。

诸闻韵工写花卉、翎毛，间作走兽、山水、人物、寿佛，尤长于墨竹，潇洒清逸，涉笔成趣。

傅雷翻译家、音乐鉴赏家等身份自不用说，而他美术评论家的身份，对于黄宾虹就如同人生难得一知己、高山流水遇知音一样。时年68岁的黄宾虹和时年24岁的傅雷，同时任教于上海美术专科学校，他们之间的忘年之交，成就了中国现代美术史上的一段佳话。1966年"文革"期间，因不堪忍受凌辱，傅雷夫妇上吊身亡。为纪念傅雷，现上海有所傅雷中学 —— 这类纪念是文明的进步，意思就是修改曾经错误的血的历史，但有些错误是墨迹改写不了，橡皮也擦不掉的。

第三章 山则一本万殊 水则万殊一本

黄宾虹对于中国绘画是有独特价值的，对中国画坛的现实意义是明显、突出的。他对近现代中国画家已经忽视的书法资源重新进行了整理和认识。因为中国绘画从元代开始，以赵孟頫为首的文人画家开始进行了画法上的梳理，凡是适合书法构成机制的画法都进行了总结，这种文人画把书法的机制带进了文人画体制内，使得文人画的文化品性得到了提升。

桂林山水

应广西教育厅的邀请,黄宾虹与学者陈柱尊等人前去广西桂林参加中学教师暑期讲学。

陈柱尊早年考入交通大学前身的南洋大学电机系,兼修古文。南洋大学举行全校作文竞赛,他得了100分。是否判分高了？校长唐文治亲自审卷。阅后认为100分太低,毫不犹豫地改成了120分,评定为第一名。唐文治后来曾评价陈柱尊:"横空而来,足使千古学人才人一齐俯首。"

陈柱尊自撰《买书歌》:

柱尊好书如美女,一顾不恤千金予。春申日暮书肆中,忘食废寝不知苦。

康有为给他的藏书楼题写匾额"十万卷楼"。

陈柱尊三个儿子的名字也极有意思:陈一百、陈三百、陈四百。为什么？他有一首《示儿诗》:

我儿我儿名一百,命名取义汝应识。人一能之己百之,如此行道谁能敌。我之名汝非夸汝,乃欲勉汝彰先德。

《山水》(局部)

第三章 山则一本万殊 水则万殊一本

《溪山读道》1943 年

至于三百、四百,未见有说为什么。

和这样饶有情趣的同道一起出行,又可一饱眼福的"甲天下"桂林山水,黄宾虹可谓画兴诗性勃发,他对山写生,临水吟咏。

那天,夜泊昭平。酒兴正浓的陈柱尊吟诵着他旧时游桂林的诗:"我爱桂江水,清如碧绿酒;死化桂江鱼,江水不离口。我爱桂江山,淑静如处女;死化桂江鱼,江头常对语。"忽然,听到不远处的山村中

61

1926年夏，黄宾虹赴广西桂林讲学途经香港，香港报纸界同人欢宴讲师团一行。第二排左二为黄宾虹

传来枪声，船上一片惊慌，邻船告知是趁夜抢劫的强盗，一场虚惊。

后来，黄宾虹画了一幅《八桂豪游图》，颇为幽默地记述了那一夜的情景："星餐露栖不得息，鹈鹕宵啼吹筚篥，先生豪饮方高吟，料有诗名动绿林。"

其实，真正的大诗名者当是被誉为"唐宋八大家"之一的韩愈，他在《送桂州严大夫》中写道："苍苍森八桂，兹地在相南。江作青罗带，山如碧玉簪……"这后两句诗至今还刻在桂林的一座石山上。

一路下来，黄宾虹得写生画稿数百幅，诗数十首。

讲学之余，黄宾虹为当地朋友们画了不少桂林山水，其中有一幅《桂林山水全图》。

黄宾虹90岁以后还重题了《桂林读书台》等旧日画作。

黄宾虹画了一座山两座山远处群山，画一条小舟一座亭子几间房舍，再画一个独坐的人，然后在那人对面坐了下来。

桂林的山不分新旧，桂林的水没有时间地流着，流得人感觉空，内心空旷。水墨的山峰水墨的云朵，水墨的鸬鹚叼一尾水墨的鱼，几只白鹅不问岁月悠然自得地游着，让人想起"王羲之书换白鹅"的故事——几只白鹅白得没有一根杂毛，就像是一场过于严肃认真的研讨会，缺少一声咳嗽。

黄宾虹会不会想到祖籍广西桂林的石涛——这位朱元璋重孙朱守谦的十一世孙。朱守谦是第一代靖江王，靖江就是现今的桂林，所以石涛画作常盖有"靖江后人"印，这是画家对自己身世的表白，当然，也有拐着弯的炫耀之嫌。就像是好石头恐无人赏识，抹些油就亮晃晃耀眼了。

石涛四岁时，明朝灭亡，父亲被杀，石涛逃亡到广西全州，在湘山寺削发为僧，一生颠沛流离。石涛自称苦瓜和尚，甚至还把苦瓜供奉在案头朝拜。他对苦瓜的这种感情，与他的经历似乎有着密不可分的关系。苦瓜和尚这一别号应该还有一些禅机，还有一些独来独往不随流俗的傲气。不过仔细想想，与其相符的更应该是他苍茫笔墨中包含的那种人生之苦。

石涛的代表画作《搜尽奇峰打草稿图卷》，笔墨雄奇壮阔，有没有一点桂林山水的影子呢？石涛有些画虽然一黑到底，只不过他的黑是一种黑夜到了尽头的黑，似乎再有一会儿天就亮了。

20世纪80年代，以一本《傅雷家书》风靡一时的翻译家、美术评论家、音乐鉴赏家傅雷曾经说过："石涛以后，宾翁一人而已！"

隔着两百多年的时间，石涛和黄宾虹两位大画家跨时空地在石涛的故乡见了面。一样的山水，需要不一样的笔墨。就像阮咸，就像刘琨，即使同样一把琴，一个奏出来的是魏晋风度的失魂，一个奏出来的是魏晋精神的落魄。

"五笔七墨"

应在上海一同办刊办报的南社同仁，后移居香港的蔡哲夫、谈月色夫妇之邀，黄宾虹绕道香港、广州，游览写生。

黄宾虹有一幅《九龙沙头角》，应该就是此行的收获。粗笔皴染，满目青绿，过剩的阳光渗透进了山石里面，像是一大块农家花布，青绿上理应开满花朵。很快，青绿后面就会有牲畜出来饮水了吧？仰起头来叫的驴黑脸英雄似的，管他主人今天心情好不好，该叫则叫，还嫌不过瘾，就势躺地上打个滚，滚它个尘土飞扬；再听听牛的叫声就谦恭多了，谦恭得像是一位年龄大辈分小的老者 —— 北方驴见多了，驮水、磨面、人骑，青绿的沙头角有驴吗？如果没有，那就算是骑着一头莫须有的驴看唱本 —— 唱本没字，白看。

蔡哲夫工诗词书画及文物鉴赏，富收藏文物，广究金石治印，印作每得佳趣，或自篆请夫人刻之。

谈月色原名古溶，改名溶溶，取晏殊诗句"梨花院落溶溶月"意，又取温飞卿诗句"惟向旧山留月色"，更名月色。谈月色曾受教于黄宾虹，以画梅著称，亦有

《八桂豪游图》（局部）

1935年，黄宾虹70岁时在香港与黄居素（左）、黄般若合影

"现代第一女印人"之称。

黄宾虹后来在 1936 年还为蔡哲夫、谈月色夫妇绘《寒月行窠图》。

那是 1936 年秋，黄宾虹与蔡哲夫应蔡元培之邀，同任中央博物院金石书画鉴定研究员，其间蔡氏夫妇与黄宾虹过从甚密，蔡氏夫妇遂请黄宾虹绘制了这幅《寒月行窠图》，尤为难得的是这张画是绘在一张明末宣纸上的。纸背有蔡哲夫的题记：

> 明末叶旧纸一番，为张茗柯家藏，其女孙諟斋以为月色寿。丙子十一月十九日，蔡守寒琼于白下。

钤印为顺德蔡守一印。諟斋为南社社员张景逊，字諟斋。纸寿千年，这张明代纸是张景逊作为寿礼送给谈月色的。是年腊月，黄宾虹和蔡哲夫夫妇同在南京，蔡氏夫妇请谈月色的业师黄宾虹为他们绘制《寒月行窠图》。"寒月行窠"系蔡哲夫和谈月色在南京时的斋号，寒琼为蔡哲夫号，与月色各取一字。

黄宾虹还与移居香港的篆刻家邓尔雅，以及也已经移居香港的老朋友黄居素谈文论艺相聚甚欢。

因为得有唐代名琴绿绮台琴的缘故，邓尔雅在新界大埔筑"绿绮园"。女儿出嫁时，邓尔雅亲自以象牙缩刻绿绮台琴一对相赠。1937 年 7 月，"绿绮园"为台风所摧，邓尔雅抱绿绮琴躲避，园中所藏书物皆为台风所毁。直至他 71 岁临终之际，仍命家人将琴放在病榻畔，

《寒月行窠图》

《溪山幽居》 1954年

抚摸着依依不舍——如此堪比生命的绿绮台琴,此琴已为虫蚁所蚀,"首尾皆毁",但是,即使没有声音也可谓是余音袅袅、绕梁三日,当然,这要看是俗人还是雅人的耳朵和心灵了。因为后面还要说到邓尔雅和绿绮台琴,那就过会儿再接着余音袅袅、绕梁三日吧。

过伶仃洋,怀念南宋民族英雄文天祥,写有《伶仃洋》诗三首,有诗句"踏翻巨浪孤臣血,一碧伤心万古痕"。

黄宾虹在广州发表演讲,论述了当今世界美术思潮,以及中国画学的渊源演变,第一次以自身体会讲到笔墨技法的"五笔七墨"。

所谓"五笔七墨",是由笔法、墨法两部分构成。

五笔,主要是从用笔法度和品质方面阐述中国画的笔法问题。

一曰平:指与平,与肘平,肘与臂平,全身之力,运之于笔。由臂使指,用力平均,书法所谓如锥画沙是也。起讫分明,笔笔送到,无柔弱处,方可谓平。平非板实。水有波折,固不害其为平;笔有波折,更足显其流动。

二曰圆:书法"无往不复,无垂不缩",所谓如折钗股,圆之法

也。日月星云，山川草木，圆为之形，本于自然，否则僵直枯燥，妄生圭角，则狞恶可憎；率意纵横，全无弯曲，乃是大病。圆浑润丽，亦不能流于柔媚。舍刚劲而言婀娜，多失之柔媚，皆未足以语圆也。刚健中含有婀娜之致，劲利中而带和厚之气，洵称入妙。

三曰留：笔有回顾，上下映带，凝神静虑，不疾不徐。善射者盘马弯弓，引而不发；善书者，笔欲向右，势先逆左，笔欲向左，势必逆左。算术中之积点成线，即书法如屋漏痕也。画亦由点而成线，是在于留也。笔意贵留。似碍流走，不知用笔之法，最忌浮滑，浮乃轻忽不遒，滑乃柔软无劲。笔贵遒劲，书画皆然。

四曰重：用笔重，要像"枯藤""坠石"。然重易多浊，浊则混淆不清；重又多粗，粗则顽笨难转。善用笔者，何取乎此？要知世间最重之物，莫如金与铁也。言用笔者，当知如金之重而取其柔，如铁之重而取其秀。金刚杵法当化为绕指柔。

五曰变：用笔要变，不拘于法。

七墨，主要是从用墨角度阐述画法问题。

墨法分明，其要有七：一，浓墨；二，淡墨；三，破墨；四，积墨；五，泼墨；六，焦墨；七，宿墨。

浓墨：若黑而不光，索然无神；要使其光清而不浮，精湛如小儿目睛。墨色如漆，神气赖以全。

淡墨：平淡天真，咸有生意。

破墨：是在纸上以浓墨渗破淡墨，或以淡墨渗破浓墨，直笔以横笔渗破之，横笔则以直笔渗破之。均于将干未干时行之，利用其水分的自然渗化，不仅充分取得物象的阴阳向背、轻重厚薄之感，且墨色新鲜灵活，如见雨露滋润，永远不干却于纸上者。

积墨：自淡增浓，墨中有墨，墨不碍墨。积墨之法，用笔用墨，尤当着意于落，则墨泽中秾丽，四边淡开，得自然之圆晕，笔迹墨痕，跃然纸上。如此层层积染，物象可以浑厚滋润，且墨华鲜美，亦如永远不见其干者。

泼墨：以墨泼纸素，应手随意，倏若造化，宛若神巧。泼墨亦须见笔，画远山及平沙为之。

焦墨：程穆倩画，干裂秋风，润含春雨，干而以润出之，斯善用焦墨者矣。

宿墨：水墨之中，含带粗滓，不见污浊，益显清华。宿墨之妙，如用青绿。每于画中之浓黑处，再积染一层墨，或点以极浓宿墨。干后，此处极黑，与白处对照，尤见其黑，是为"亮墨"。亮墨妙用，一局画之精神，或可赖之而焕发。

七种墨法齐用于画，谓之法备；次之，须用五种，至少要用三种；不满三种，不能成画。

黄宾虹"五笔七墨"的实践，打破了中国传统绘画的固定模式。有评论称黄宾虹是中国近代美术史上最后一位古典的现代山水画家。

第三章 山则一本万殊 水则万殊一本

《月季》

他是传统的总结和延续，由画法之变，到风格的形成，展现了中国山水画独有的人文价值和美学价值。

中国国家画院画家张桐瑀接受采访时说：

> 应该说黄宾虹对于中国绘画是有独特价值的，对中国画坛的现实意义是明显、突出的。他把近现代中国画家已经忽

《九龙沙头角》

1935年夏，南宁讲学时摄，左二为黄宾虹

视的书法资源重新进行了整理和认识。因为中国绘画从元代开始，以赵孟頫为首的文人画家开始进行了画法上的梳理，凡是适合书法构成机制的画法都进行了总结，这种文人画把书法的机制带进了文人画体制内，使得文人画的文化品性得到了提升。黄宾虹所主导的，所擅长的就是传统的文人画的延续，我们现在叫文人写意绘画，简称也叫写意绘画。

1935年夏，南宁讲学时摄于下榻处

所谓写，我们往往有时候和速写的写相混，实际上就是书意画。也就是书法决定了文人画的人文品性和品格。那么进入了近现代之后，钢笔、铅笔、圆珠笔成为我们日常的书写工具，书法文字开始沙化，开始塌方。直接引得中国画坛也开始塌方和沙化，笔墨家园有点贫瘠。黄宾虹洞察到了这个特征，这个现象，就从源头开始抓起，从传统出发，上溯三代书法，也就是从金石出发。他认识到中国的这个书法的笔法来源于刀法，我们看到现在毛笔依然保留刀和凿的这个形式，我们所说的笔锋还带一个金字旁，从刀法转换为笔法，才是中国书法的正宗。所以他认为中国书法的笔法已经不正宗，一直上溯到原始社会，或者更早远，从这里面找到了一些中国书法和笔法的真正源头。他把这些进行了总结，在唐以前的笔法当中寻找正宗，发明了太极笔法。

实际上这太极笔法的本意就是笔法，就是真正以道为原理的一种中国原始的文化上的笔法。

他把这种书法往画法里面进行运用和转换，这一点和其他画家不一样，因为别的画家是用自己已经擅长的，或已经掌握、具备的一种书法直接绘画，他是为了寻求画法而学书法，围绕画笔来选择书体，选择书法练习的范围，这一点和别的画家不一样。把万事万物、自然山川的一种属性，转换到了书法的点画和构成当中。

这种有意味的形式运用到中国画中，势必要提升中国画的笔墨内涵，所谓的笔墨如果没有书法支撑，没有笔法支撑，就是空中楼阁，它支撑不起中国写意绘画的笔墨大厦，这一点很重要。所以在面临西方文化对中国文化的冲击，面临我们自己舍弃传统文化，特别是书法的时候，他进行了一生的探索，对各种书体进行了深入的体验和修炼，才总结出"五笔七墨"。

雁荡之行

游桂、粤之后，黄宾虹基本上从古人粉本中脱跳出来，超脱于古人，以真山水为范本，创作了大量的写生山水。

雁荡山以奇特险峻、瑰丽多姿著称，有"东南第一山"之誉。自1916年第一次游览之后，1931年，黄宾虹第二次来到雁荡山，后来，他1954年还第三次到过雁荡山。此次，他经舟山赴乐清游雁荡山。其间，为别号雁荡山人的蒋叔南作《雁荡山轴》。

蒋叔南为开发雁荡山做出过卓越贡献，其居雁荡山期间，广邀名流，如张元济、傅增湘、蒋维乔、黄炎培、康有为、黄宾虹等，游览雁荡，赋诗作文，题书勒石。1934年夏，蒋叔南自沉雁荡石门潭，葬于灵岩展旗峰南麓。冯玉祥挽之："半世功名随流水，一生事业在名山。"

黄宾虹此次游雁荡山，居灵岩寺，一日晓起静对天柱、展旗峰，感觉四山有如生龙活虎出现，有跳有跃。他对朋友说："这次看山，给我印象极深，使我懂得了什么叫万壑奔腾。"

《山水》（局部）

《雁荡山轴》

世事难测,几年时间,那幅《雁荡山轴》墨迹还新,蒋叔南已经和展旗峰同归一体了。

蒋叔南在与黄宾虹同游雁荡山时,作《偕黄宾虹先生冒雨游二灵》,诗中有句"先生擅有淋漓笔,多少烟峦带雨收"。

云朵慢,往山上飘,白鹭一只两只,还有三只,一个名叫蒋叔南的人,已经幻化作了雁荡山雨后的青苔。

黄宾虹有言:"写生只能得山川之骨,欲得山川之气,还得闭目沉思,非领略其精神不可。"黄宾虹还说:"山则一本万殊,水则万殊一本。"意思是强调山与水的形态,以及包容性和整体感。如果还用黄宾虹的话说,那就是:"山有脉络——高低起伏,宾主得宜;水有源流——云泉稠叠,曲折回环。"

雁荡之行,对黄宾虹绘画的转变是至关重要的,他90岁时还作有《雁荡奇峭》,可算是

《雁荡山轴》（局部）

对自己一生三上雁荡山的小结吧 —— 应该说每一次都是对上一次的补偿，因为那些山石，那些树木，依然在那里，就像是知道他还要路过那里，然后，等着把自己交给他的笔墨。

黄宾虹《题雁荡二灵图卷》的跋语"中华大地，无山不美，无水不秀"，可以看作是他怀抱着"文以致治，宜先图画"这样一种民族情结去表现大山大水之美的。

傅雷亦用他典雅的文字为黄宾虹作了小结 —— 读傅雷的文字似

乎总是有一种音乐感，或许由于他儿子傅聪因国家变故，而人生际遇太不平常的钢琴家身世的缘故吧。

傅雷写道：

> 黄公则游山访古，历经数十载寒暑；烟云雾霭，缭绕胸际，造化神奇，纳于腕底。这样，他才能做到放笔为之，或收千里于咫尺，或图一隅为巨幛；或写暮霭，或状雨景，或泳春潮之明媚，或吟西山之秋爽，各各不同。总而言之，在黄公的笔下，阴晴昼晦，随时而异；冲淡恬适，沉郁慨慷，因情而变。在黄公而言，画面之不同，结构之多变，实在是不得不至的必然结果。

第四章 我从何处得粉本 雨淋墙头月移壁

黄宾虹笔下的夜山，笔墨层层叠加，浓重黝黑、苍茫莫测。这也是黄宾虹「应该从实到虚，先要有能力画满一张纸，满纸能实，然后求虚」这样一种理论的实践吧。

雨山、夜山成为了黄宾虹最擅长、喜好的表现形式，也是他在题材创作与笔墨技巧的运用上取得巨大成就的绘画主题。

青城坐雨

　　1932年秋,黄宾虹应邀与上海美术专科学校毕业生吴一峰乘船入蜀,一方面游览写生,一方面讲学授课。

　　溯江而上,一路上,黄宾虹不止一次地想到过吴道子和李思训画嘉陵江三百里山水的故事。

　　唐玄宗一日想起"安史之乱"避难蜀地时所见嘉陵江山清水秀的景致,遂命吴道子乘驿传赴巴蜀写生。吴道子沿唐玄宗当年所走路线,翻太白山,越青泥岭,祭酒梁,取道剑门关,进入四川。

　　风大,刮不乱吴道子的腹稿线条。

　　回到长安,吴道子回唐玄宗问话:"臣无粉本,并记在心。"

　　唐玄宗遂命他在大同殿壁上图之。吴道子将嘉陵江山水作了高度概括,三百余里山水,一日而毕。以山水擅名的李思训,也于大同

1932年秋,黄宾虹游蜀时与友人合影。前排左二为黄宾虹

《山水》(局部)

1933年，黄宾虹与成都学界人士在少城通俗教育馆欢迎会上合影。前排右四为黄宾虹

殿图之，累月方毕——给人的感觉，吴道子练的是百米冲刺，李思训练的是马拉松长跑，吴道子早早冲过终点回家喝茶去了，李思训还气喘吁吁往前赶呢。

要知道，李思训也不是一般人物，他和儿子李昭道被画道上同称为"大小李将军"，合力开创了中国绘画史上金碧炫目的"青绿山水"，属于史有大名的画家，唐代张彦远认为，"山水之变，始于吴，成于二李"。他们使得山水成为独立的画种，从而结束了山水只作为人物画背景的附庸地位——也真是难为"大李将军"了，人家吴道子属于格言警句体，你乃旁征博引长篇论文，进的不应是一个考场啊。

好在唐玄宗懂行："李思训数月之功，吴道玄一日之迹，皆极其妙也。"

《湖石牡丹》

船过三峡，正在甲板上写生的黄宾虹忽遇去四川大学教育学院授课的陶冷月。

陶冷月20世纪20年代任暨南大学的西画系主任，还任南京美术专门学校西画系主任，其熔中西画法于一体的绘画风格被誉为"冷月山水"。他的一幅《洞庭秋月图》，天上地下一派冷寂，看陶冷月的画，最好多穿件衣服。蔡元培曾书赠陶冷月："尽善尽美武韶尽，此心此理东西同。"经徐悲鸿介绍，黄宾虹也曾兼任暨南大学国画理论课，和陶冷月算是同事至交。

略过黄宾虹和陶冷月一路的艺术交流，略过西陵峡、巫峡、瞿塘峡，略过苏轼那首被誉为千古绝唱的"大江东去，浪淘尽，千古风流人物……"我们不妨寻迹于黄宾虹的感慨"我从何处得粉本，雨淋墙头月移壁"，来看看这两句诗后面隐藏的故事。

1933年春，黄宾虹在四川大学教育学院院长邓胥功（字只淳）与美专学生陪同下，往游青城山。

青城山为中国道教名山，青城之幽与剑门之险、峨眉之秀、夔门之雄同享四川名山美誉。中国古琴名曲《流水》，就是青城山云游道士张孔山截流俞伯牙的《流水》所编 —— 如果没有张孔山，《流水》或许已经断流了。《流水》描绘了流水的各种态势，清代人对《流水》作过如下描绘："起首俨然潺谖滴沥，响彻空山，之后如幽泉出山，风发水涌，时闻波涛，已有汪洋浩瀚之势。至滚拂起段，有沸腾澎湃之观，有蛟龙吟吼之象……息心静听，宛然身在危舟而惊心动魄。至曲将终时，轻舟已过，仅余余波激石而已。"模仿水流湍急的手法技巧，称"七十二滚拂流水"，真可以媲美孙悟空七十二变了，够复杂的。

作者对自己听惯了噪音的耳朵要求不高，只要能听出"流水"的声音就知足矣。张孔山的《流水》1977年被美国录入镀金唱片，由"旅行者二号"太空飞船带入太空，去茫茫宇宙寻觅人类知音。这位云游道士无论如何也不会想到去云游太空的。

这是一个早春的季节，去青城山的途中恰巧遇雨，黄宾虹全身淋

《青城烟雨册》

透，于是，索性观赏起了雨中山色的变幻。第二天，他连续画了十余幅《青城烟雨册》，焦墨、泼墨、宿墨……任意纵横挥洒，有些笔墨湿而浓重，有些笔墨宛若顺墙流下的水迹"屋漏痕"。在此解释一下，"屋漏痕"和"锥画沙""印印泥"一样，都是书法术语，比喻笔墨线条最高境界的一种美感。

"泼墨山前远近峰，米家难点万千重。青城坐雨乾坤大，入蜀方知画意浓。"黄宾虹这首诗的前两句像是在山下仰着脖子说的，后两句似乎是站在山顶鸟瞰时念出来的。上山的时候还是诗人画家，下山的时候就已经变成哲学家了。

中国古代画家画雨景者不多，多为雨后云山一类，宋代画家米芾、米友仁父子的"米家点"一派迷蒙，看米友仁的《云山墨戏图》，似下非下的雨，让人感觉是不是要准备一件雨衣。印象深刻的是明代画家戴进的《风雨归舟图》，阔笔横扫出狂风暴雨的壮观景象，有着大风大雨一掷千金的大气派。

再看黄宾虹的《青城烟雨册》，水墨淋漓泼洒，翻手为云覆手为雨，苏轼有一首诗《六月二十七日望湖楼醉书》，作为题识倒是合适："黑云翻墨未遮山，白雨跳珠乱入船。卷地风来忽吹散，望湖楼下水如天。"破墨、积墨、焦墨、宿墨，以浓破淡，以淡破浓，兼皴带染，浓密苍茫，抓住稍纵即逝的墨色变化，一遍一遍

米友仁 《云山墨戏图》

戴进 《风雨归舟图》

叠加，浑然天成，生气远出。

李思训奉旨入宫作画，所画江水汹涌澎湃，唐玄宗早晨起来看画，对李思训说，你画的山水屏风，让我昨晚听见水声从画里传了出来 —— 要表达的是这个意思吗？如果非要坚持准确说，应该是水从琴弦上流过然后从画中流过。

黄宾虹曾给朋友写信：

> 青城大雨滂沱，坐山中三移时，千条山泉令我恍悟，若雨淋墙头，干而润，润而见骨。墨不碍颜色，色不碍墨也。

园明宫门两边有联："栽竹栽松，竹隐凤凰松隐鹤；培山培水，山藏龙豹水藏龙。"据说园明宫有一任道长善养生之道，高寿至130多岁乃逝。

上清宫门口有传为汉代张道陵天师手植、近两千年树龄的古银杏树 —— 老树虬枝全是破墨、积墨、焦墨、宿墨，郁郁森森绿得发黑的树叶真好似泼墨泼了又泼。我相信，如果哪一天从树下走过，肯定会闻见墨香。陈年的墨香，不需要嗅觉如何灵敏，多看几幅黄宾虹的画，隔着再远，万水千山也能闻到。

黄宾虹为道长作五尺全张《青城山图》。

张大千曾在20世纪40年代寓居青城山上清宫，寻幽探胜，皴

张大千 《山园骤雨图》

《青城山中坐雨图》

擦勾染,作画愈千幅。20世纪60年代,张大千在远隔重洋的巴西圣保罗侨居时,画了巨幅的《青城山全图》,表达了对家乡青城山的眷恋之情。有意思的是,张大千亦是在巴西居所八德园亲历一场大雨之后,顿悟,画了一幅开泼墨彩墨风气之先的《山园骤雨图》,并说:"从这幅画以后,我发现不一定用古人的方法,也可以用自己的方法来表现。"为此,他还专门镌刻了一方印"独具只眼"。

此刻,作者仿佛看见张大千泼彩泼得兴起,航班到点了,他大声喊道,让飞机等会儿再飞!

如果是黄宾虹,作者就替他喊一声,给马多喂把草再上路!

黄宾虹这次出游后所作《青城山中坐雨图》,有题识:"青城山中坐雨,林峦杳霭,得图而归。"

画上一座壁立的山峰,巍峨高耸,白云缭绕,一派藏龙卧虎的气象。何谓高山仰止?就是你要渺小到蚂蚁一般。画面着墨不多,稍加重墨点染,丰润见骨,花青融入淡墨,雨雾水气溢出,利用墨与水的相互渗透的模糊效果,表现了云气隐显之间,变幻无尽、烟雨迷蒙的山水之景,给人一种悠远的感觉。而且,你还感觉不是只有这一场雨,不是只有这一个春天,这雨这春天就像是去年串过门的亲戚,又来串门了。

五代北宋画家李成，画山石好似卷动的云，米芾谓之"石如云动"。《青城山中坐雨图》几为"山如云动"，整个一座山都随着雨雾在观者的视线中晃动。李成和范宽的画被认为是"一文一武"，一个灵秀，一个雄奇。黄宾虹文武双全吗？

黄宾虹自认为这是五代、北宋的一脉传统："米氏父子笔墨纯从董北苑来，唯不能袭其形貌，故成大家。北苑喜作云中山顶，米氏化云烟为雨中山水，然大米雨景多钩云法，小米以墨渲染，积成滃郁之气，差有不同，可以想见古人不肯拘守矩镬，徒夸貌似为也。"

董源在南唐主李璟时任北苑副使，故又称"董北苑"，他的水墨山水峰峦晦明，表现了一种迷离之美，被称之为"水墨类王维，着色如李思训"。"元四家""明四家"等人均奉董源为典范。

米芾盛赞董源山水："峰峦出没，云雾显晦，不装巧趣，皆得天真。"米友仁深得其父米芾的笔墨神韵，将山水画中浓淡墨点的运用发挥到了极致。

这也是黄宾虹所谓的"雨淋墙头"吧！形容雨从墙头淋下来，因为日久天长风雨的侵蚀，留下了许多漏雨的痕迹，远看，就如同水墨晕染的一般。

补充几句黄宾虹进入

董源 《潇湘图》（局部）

《绣球辛夷》

巴蜀以后那时的社会状况，时值四川军阀刘文辉、刘湘之间内战不断，闹得民不聊生。宋若婴因而甚为担惊受怕，写信询问。黄宾虹随即回信，内容如下：

若婴君鉴：

航快信已聆悉，大小清顺为慰。四川路途遥远，行旅困难，来者不愿去，去者不欲来，实因险阻限之也。近闻山海关既失，江南不免惊动，人民生计更觉为难，尔如愿意来川，我在成都约可得每月百元俸资，我家自己男女四人(映宇暂时在徽)，雇一女佣连房金有六十元开销，即够用度，比较上海大洋七八折之间(如上海百元汇到成都可百廿余元)，此处惟洋货海味苏杭绸缎最贵，余有四川土产皆是便宜。成都景象好比上海法租界与中国地界之间，风俗虽近繁华，却多循守旧昔道德。今年川战激烈，尚无放火残杀之事，待于人民稍安。

惟我之书籍能寄存妥当之处，则分带一部分以为变卖，待开细目方可，似尚容易，以后托川友之住申者转运亦便。陈戎生太太能同行更佳，或遇妥友随来亦好，如带尔兄弟来图事，既无把握，多一盘费来往，须百七八十元，至省不去，仍住申寓，太不划算不知君意如何，最好将书籍开单寄存图书馆。

此事当与陈柱尊君商议办法，或以苏州租到一间房子存放，映宇能托妥人照应上学，就在苏州，用常熟老娘姨煮饭招呼，尔不惜劳苦，可于春二月间到川，至五月间与我同回苏州，如带映宇及映家，尔兄弟良玉若仍在申无事，或约同行，既来之后，至少一年尔我方得回转，以来往时日费多，近日成都战尚未停，世事不知如何，盘费甚大，仔细打算，尔等不能来，切勿勉强，我将等到学堂开课之后，收得一二月之学费，亦当返申。惟成都战后金融干枯之至，江浙等处今谅相同，百元一月之进款未必可靠，我今来成都未满两月，四川大学校长王宏实君又教育院长邓只淳君，华西大学校长方叔轩君，其余士绅与我皆甚洽，愿我暂时弗离川，然以老年孤客在外，当身体偶有不适之时，非常苦楚，佣人难以相信，吴一峰孩子气重，我已另荐伊一学堂教职，每月可四五十元。今我住陈戎生君寓中，有楼房约可分三间，此地近无旅馆，家眷住此者有四五家矣。张善孖先生仍在浙江，尔在申寓，至今家用费去几多，全不告知，我甚念念，即询近好。

朴存字行 12 月 20 日。

难为黄宾虹了。清苦中透着凄楚，似乎大画家的笔墨必须要有人世间清苦与凄楚的渗透，一个被俗事所累的画家，一个瘦若羊毫鼠毫的画家，才可以修得真身。

瞿塘夜游

1933年5月，黄宾虹自重庆乘舟东归，途经奉节。奉节素有"诗城"美誉，古代著名诗人陈子昂、王维、李白、杜甫、孟郊、白居易、苏轼、苏辙、陆游等，都在此留下过传世名篇。

不禁让人想到杜甫《秋兴》："夔府孤城落日斜，每依北斗望京华。听猿实下三声泪，奉使虚随八月槎。画省香炉违伏枕，山楼粉堞隐悲笳。请看石上藤萝月，已映洲前芦荻花。"尤其是最后两句尾联，月光刚刚照到石上的藤萝，现在又照着洲前的芦荻花，诗人感叹着时光的流逝。

唐代诗人高适有诗："青枫江上秋天远，白帝城边古木疏。"白帝城东依夔门，西傍八阵图，三面环水，为历代兵家必争之地。刘备白帝城托孤与诸葛亮的故事让后人唏嘘。

黄宾虹朝白帝城的方向漫步走去。月光和月光下的整座山是融

《山水》（局部）

1935年的黄宾虹，黄般若摄

为一体的，月光水一样地泼洒在嶙峋凸凹的山石上，而夜空中的那轮月亮，则在向画家指出白银属性的同时，也给他指出了笔墨中潜藏的顿悟和玄妙……黄宾虹在月光下疾笔画着，月光下那山的生命力，似乎借助着笔墨线条，跳跃于纸上。

明月下面，这个世界给人的感觉几乎就是空空的白纸。如果这时候有一只夜鸟飞过，估计前世就是一位画家吧？

以画竹著称的郑板桥，不就是从五代李夫人月下"临摹窗上竹影"的启示中悟出画竹之真谛的吗？所以自谓"凡吾画竹，无所师承，多得于纸窗、粉壁、日光、月影中耳！"郑板桥不问文同"胸有成竹"否，不问王绂月下闻箫画竹还是画梅，郑板桥自顾自地接着画，一竿竹嫌少，两竿竹不多，三竿竹水墨淋漓伤心碧——月下碧色蒙了一层霜。

《山中夜行图》

拍堤的江水，每棵树、每块石头都像是一位准备开口吟诵的诗人。作者迫不及待先吟一句唐代诗人刘禹锡的诗："白帝城头春草生……"

面对此情此景，让人想起所书章草被称作"银钩虿尾"的晋代书法家索靖，他在观赏晋代画家顾恺之的画时，忍不住赞叹道："恨不带并州快剪刀来，剪松江半幅纹练归去。"

就好似做梦，梦醒了，再到哪儿去寻找梦中的风景呢？所幸，

《伶仃洋纪游》

即使夜空没有留下鸟儿飞翔的痕迹,但纸张上却留下了画家不羁的笔墨。

第二天,当拿出这些画稿再看时,黄宾虹禁不住大声叫道:"月移壁,实中虚,虚中实。妙极了!"

尤似当年郑珊所授"实处易,虚处难"六字画诀的回声,那时是猜谜,现在是破谜。黄宾虹串门一样进进出出,实就是虚,虚就是实,阳历、阴历一样的时间,看着哪面坡上的青草茂密就待在哪儿。

黄宾虹之后所作的《山中夜行图》,黝黑的画面上山势陡峭,只有天空处留白,没有出现在画面上的月亮给人梦幻一样青草萋萋的

第四章 我从何处得粉本 雨淋墙头月移壁

《拟范宽笔意》

范宽 《溪山行旅图》

感觉 —— 杨凝式《韭花帖》一样的字迹抄录李商隐《锦瑟》诗歌那样的不可思议 —— 没头没脑的这么一句，是因为感觉杨凝式也好李商隐也罢，他们的笔墨诗歌中都有一种青草萋萋的气质。幽暗浓郁的林木笼罩在一片朦胧的暮霭之中，山林中屋舍幽寂，一老人拄着拐杖行走于木桥上，呈现出浑朴苍茫、深邃莫测的朦胧美，颇显壮阔之境，且具有一种高古的金石气韵。

黄宾虹自有他的理解："宋画多晦暝，荆关灿一灯；夜行山尽处，开朗最高层。"

黄宾虹诗中说到的"荆关"，就是中国北方山水画的开创者荆浩、关仝。他们精于描写雄伟壮阔的全景式山水，沉郁雄奇，气势宏大，尽显山河气魄。

有论宋代画"如行夜山"，这本是评说喜欢用积墨法的范宽，其画崇山峻岭，浑厚险峻，被誉为"得山之骨，与山传神"。其晚年用墨多，故被人称为势虽雄伟，然深暗如暮夜晦暝，土石不分。

墨多，土石不分，似乎应该正是范宽的特点。深受范宽影响的清代画家龚贤，正是因墨色的繁密浓重而被称为"黑龚"，并成为其绘画标志的。

黄宾虹有一幅《拟范宽笔意》，确是范宽惯有的顶天立地、雄伟壮观的气势，让人相信，真要是从黄宾虹笔下屋舍中走出一个人来，也应该是宋代服饰，范宽时代的人物啊。

黄宾虹另有题画文字:"范中立(范宽)画深厚浓黑,龚半千、释石涛、石溪皆极力效法,功深能不薄弱。"

徐悲鸿对范宽推崇备至,他在《故宫所藏绘画之宝》文章中说:"中国所有之宝,故宫有二,吾所最倾倒者,则为范中立《溪山行旅图》,大气磅礴,沉雄高古,诚辟易万人之作。此幅既系巨帧,而一山头,几占全幅面积三分之二,章法突兀,使人咋舌!"

"江山本如画,内美静中参。人巧夺天工,剪裁青出蓝。"黄宾虹的这首题画诗,恰是画家自我追求的写照。

至此,我们见到的黄宾虹笔下的夜山,笔墨层层叠加,浓重黝黑、苍茫莫测——不管这是刚刚到来的夜晚,还是山外面已经有早起的书生,在公鸡的啼叫声中,开始了又一天读书的时间。

这也是黄宾虹"应该从实到虚,先要有能力画满一张纸,满纸能实,然后求虚"这样一种理论的实践吧。

雨山、夜山成为黄宾虹最擅长、喜好的表现形式,也是他在题材创作与笔墨技巧的运用上取得巨大成就的绘画主题。乃至 2008 年,浙江省博物馆在西湖美术馆推出了一个专题展览:《雨淋墙头月移壁——黄宾虹〈夜山〉与〈雨山〉图展》。我们知道,"雨淋墙头月移壁"句就是取自黄宾虹巴蜀青城山、白帝城瞿塘峡所遇所感后作的诗。

知白守黑

《黄宾虹画语录》有言，山水画家，对于山水创作，必然有着他的过程，这个过程有四：一是"登山临水"，二是"坐望苦不足"，三是"山水我所有"，四是"三思而后行"。此四者，缺一不可。

黄宾虹还说过："古人言'江山如画'，正是江山不如画。画有人工之剪裁，可以尽善尽美。"

这次出游是黄宾虹绘画产生飞跃的契机。其最大的收获，是从真山真水中证悟了他晚年变法之"理"。证悟的发生就是颇具浪漫的"青城坐雨"和奉节白帝城的"瞿塘夜游"。

画家卢辅圣说：

所谓的这种雨淋墙头月移壁，实际上都是作为一种笔墨的视觉呈现，那种视觉又要变为精神，假如说有一个笔墨世界，另外更深一层就是笔墨精神，就是把笔墨世界再深化到笔墨精神里面。由此以来，在山水画上，从来没有一个人像黄宾虹达到笔墨这样的深度，而且笔墨本身就表现出那种强烈的精气神，笔墨本身就能独立成为一张完整的作品，成为完美的散发着很大魅力的一种，好像没有人与

《山水》（局部）

他可比。

黄宾虹的雨淋墙头月移壁，实际上也是一种感觉。就是把笔墨最后组合成的那个画面的最终效果，要还原为一种感觉。那种感觉就像看到晚上的山，他多次都讲他画的是夜山，对夜山情有独钟。还有一种是雨中的山，水墨淋淋的感觉，夜山很重的感觉，恰恰是他艺术追求当中最典型的那种东西。而他总结出一种美学特征叫浑厚华滋，他要追求的东西就是浑厚华滋的东西。他后来又把浑厚华滋用到很多地方。浑厚华滋是他对自己绘画的美学追求，同时他说浑厚华滋的民族性，他说中华民族的那个特性就是浑厚华滋。同时也把浑厚华滋用到书法，以及其他艺术门类当中，就是所有都可以套用。后来他又总结成内美，其实是要把内美作为形容，也就是浑厚华滋。

《蜀山图》

"沿皴作点三千点，点到山头气韵来。七十客中知此事，嘉陵东下不虚回。"十几年后，黄宾虹回忆这段巴蜀游历时说："我在那时懂得了知白守黑的道理。"

《老子》："知其白，守其黑，为天下式。"

篆刻家讲"分朱布白"，邓石如所谓"字画疏处可以走马，密处不使透风。常计白以当黑，奇趣乃出"。

八大山人是一位懂得节俭的画家——日子本来就清苦，表现在纸上，就成了节俭。知白守黑，老树、怪石、枯荷、小鸟、三两枝梅花，寥寥数笔，余皆大片留白，天空多么辽阔，天空尽头还是天空，风从上面吹过，水从下面流过，风和水不见影迹，风和水都是留白。

林散之念念不忘其所受黄宾虹的教诲："古人重实处，尤重虚处，重黑处，尤重白处；所谓知白守黑，计白当黑，此理最微，君宜领会。君之书法，实处多、虚处少，黑处见力量，白处欠功夫。"林散之闻言，"悚然大骇"。取所藏古今名碑佳帖，细心潜玩，都于黑处沉着，白处虚灵，黑白错综，以成其美。

画家龙瑞说：

> 知白守黑不一定是从"五笔七墨"中延伸出来，但相对都是有一定关系的，黄宾虹在这个营造法式，就是画面营造上，布局上，他都有中国文化更深邃一些的东西来作为一种演绎。比如用中国文字结构的一些方式，左边让右边，右边让左边，上面下面，下面承载上面，中国文字都有这些字形布局，逐渐又引入到画里头来作为山水的一种布局。像这些方面，黄宾虹的贡献就太多了。所以说黄宾虹给我们逐渐开启了一个在中国文化的特征下，坚守中国文化的理念和精神，让他特别具有现代感。

唐人尚法，宋人尚意。唐代多在九宫格里放羊，宋代则像是在别人家田地里遛马，黄宾虹不管这些，羊和马一鞭子赶哪算哪。

第五章 浑厚华滋 胸中丘壑

油画家靳尚谊在一次访谈中说到黄宾虹的独到之处：「我在黄宾虹的画里头看到了抽象的美，笔墨中抽象的美……我是从这个角度发现了黄宾虹的独到之处。它这个抽象就是在印象派之后的那种现代艺术的东西，所以它有西方的现代艺术那种味道。虽然很黑，但是它里头很丰富，层次很多，如果黑的一团黑全死掉了，那就不行了，所以它妙就妙在黑，而不死，而里头是透气的，而且里头层次很丰富的，很厚重的，妙就在这。」

沟通中西画学

回到上海后，黄宾虹画了一批蜀中山水画，其中有幅《蜀山图》，题跋借用了陆游的诗句："衰翁老去疏荣利，绝爱山城无事。临去画楼频倚。何日重来此。"表达了他对青城山的感情。

当时《民报》报道说，黄宾虹"去年自四川归沪后，努力制作"，就是指他所画的大量以蜀中山水为题材的作品。

黄宾虹自是感觉大有收获，在《题蜀游山水》中写道："宋元人画多积岁月而成，浑厚华滋，不落轻薄促弱。余游川蜀，由灌县经玉垒关至青城山，朝夕所见，林峦烟雨，隐现出没，无不摹写，草稿置囊橐中，归而乘兴挥洒，笔酣墨饱，益见自然。"

黄宾虹回沪后复任暨南大学教职，任文学院国画研究会导师。与上海美专几位年轻教授发起创立"百川书画会"，会名取意"学艺虽经纬万端，其归则一，如百川分流，同归于海"。黄宾虹被推为理事。这个书画会初期会员 11 人，多半是留学海外的油画家，其中就有傅雷留学法国时的至交张弦，以及刘抗。

张弦是现代中国美术界先驱者之一，他少年博学，远涉重洋，力开中国西画先

《蜀山图》（局部）

河。1936年蒋介石、汪精卫请名画家作颐和园宫图，何香凝推荐了张弦，得半月薪金两千银圆的高酬。只可惜29岁就因病去世。

年过九旬、于2004年离世的刘抗，早年移居新加坡，被誉为新加坡现代绘画艺术的奠基人。他在悼念黄宾虹的文章中为我们留下了一些当年的情景实录：

> 记得廿年前，我和他在上海美专同事，曾组织一个百川书画会，便时常请他做专题演讲，关于我国的文化学术，他自然谈得如数家珍，就是西洋的艺术思潮，他也讲得头头是道，哪怕什么野兽主义或立体主义，都剖析得非常透彻。他能够在中国艺术园地打下坚固的磐石，不是偶然的。

黄宾虹1928年曾在广东国画研究会发表演讲，讲述世界美术之流别，继而将中国画学渊源、南北宗派与"五笔七墨"之要旨，一一阐发。并讲述了古人成功之刻耐，研求画学的科学方法，与新旧画派之迁变等艺术观念。

黄宾虹似乎想在沟通中西画学的基础上，从中国画的内部寻求一条自己的路。

油画家靳尚谊在一次访谈中说到黄宾虹的独到之处：

> 我在黄宾虹的画里头看到了抽象的美，笔墨中抽象的美……我是从这个角度发现了黄宾虹的独到之处。它这个抽象就是在印象派之后的那种现代艺术的东西，所以它有西方的现代艺术

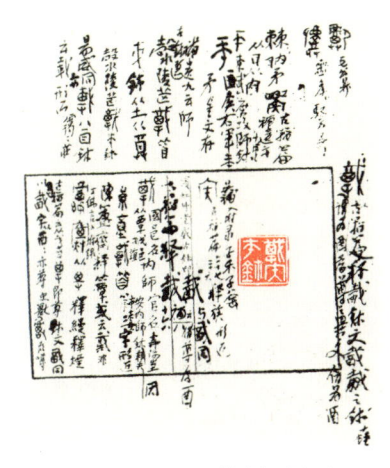

黄宾虹古玺印释文

第五章 浑厚华滋 胸中丘壑

那种味道。虽然很黑,但是它里头很丰富,层次很多,如果黑的一团黑全死掉了,那就不行了,所以它妙就妙在黑,而不死,而里头是透气的,而且里头层次很丰富的,很厚重的,妙就在这。黄宾虹既有很深厚的传统文化,又接触到西方文化,他是一个学者型的画家,他深厚的学养对他的山水画起到了非常重要的作用。

黄宾虹的绘画技法,早年得力于"新安画派"先驱李流芳、程邃,以及石溪、弘仁等,重视章法上的虚实、繁简、疏密的统一,用笔如作篆籀,遒劲有力,在行笔谨严处,有纵横奇峭之趣。师法自然,以遗民苍凉孤傲之情,化作笔下的峻岭奇松、悬崖峭石、疏流寒柯,体现出一种超尘拔俗和凛若冰霜的气质,他们以变幻莫测的黄山为蓝本,开创了一代简淡高古、秀逸清雅之画风。

李流芳祖籍歙县,和同乡程邃齐名。董其昌评:"竹石花卉之类,无所不备。出入宋元,逸气飞动。"李流芳自言:"画会之真山真水总不似,画会之古人总不似,画会之诗总不似。"亦如他《题雪山图》的文字:"雪后两山出云,上下一白,不辨其为云为雪也。"李流芳像是一位眼睛近视的朦胧诗人 —— 诗人有时候需要近视,这也是作者写诗多年总结出来的一点心得。李流芳诗、书、画之外,还精于治印,

李流芳作品

古拙朴茂，见出豪放且潇洒不羁的大度。

程邃工山水，宗倪瓒、黄公望，画花卉沉静恬淡，格韵并胜，笔墨枯淡，偏于闲静，和李流芳同为"新安派"先驱，其论诗主张先立人格，再立诗格，被称为一代宗主、晚明大家。

石溪曾参加过南明何腾蛟的反清队伍，失败后避难常德桃花源。石溪学"元四家"王蒙、黄公望诸人，画面繁复重叠，境界幽深壮阔，他喜用渴笔、秃毫，苍劲凝重，并以浓淡墨色渲染，画面尤显雄浑壮阔、沉酣苍劲。

弘仁长期居于黄山，所画山石，亦如几何图形，奇峰叠出，构图简洁，笔墨秀逸凝重，境界宽阔，淡远而峻伟。弘仁的画称得上风骨奇正、雄强瘦峭，让人感觉其一山一石一树一木无不藏铜裹铁。看弘仁的画，感觉这是一个清癯瘦削具有仙骨的画家笔墨，自然静穆，平阔邈远的画面，让人想见得出画幅以外的弘仁被风吹动僧衣的苍凉身姿。

"新安画派"疏淡清逸的画风对黄宾虹的所谓"白宾虹"风格影响至深。老年之后，转而学习吴镇的黑密厚重的积墨风格，并以此为转机，开始向"黑宾虹"风格过渡，画面偏重师法造化，强调对景物的真实感受，意境幽深。

"只钓鲈鱼不钓名"的吴镇一生隐居不仕，他的画渲染了一种凄清静穆的气氛，无论屡画的渔父题材，还是山水、树木，无论近景还是远景，全都是幽旷寂寥的山水之境。

看过吴镇的《渔父图》，你就知道，与张志和的《渔歌子》堪称绝配："西塞山前白鹭飞，桃花流水鳜鱼肥。青箬笠，绿蓑衣，斜风细雨不须归。"

绝配不绝配，张志和说了算，画画有飞白之笔，写诗讲究诗眼。

吴镇 《渔父图》

高奇峰像

此要多说一件或许和《渔父图》和《渔歌子》没有关系的事情。唐肃宗曾赐给张志和奴、婢各一人,张志和促成他们婚配,并为取名渔童和樵青,这属于"飞白"还是"诗眼"?

看一张黄宾虹、张大千等一群画家簇拥在浙江嘉善吴镇墓碑前合影的黑白老照片。照片年代久远,看不清楚,哪张脸是黄宾虹呢?张大千满脸胡子即便模模糊糊还是一眼就可以认出来。那些看一眼认不出来的人,继续看,感觉说不定哪张脸是吴镇呢!

1933年11月2日,高奇峰病逝于上海,黄宾虹参加了艺术界同仁公祭。蔡元培挽诗:"革命精神彻始终,政潮艺海两成功。介推岂肯轻言禄,笔底烟云供养丰。""访若曾到天风楼,一别无缘再聚头。曙后孤星芒作作,继若绝世有千秋。"国民政府颁发命令,由财政部发治丧费二千元,并派上海市市长吴铁城前往致祭。高奇峰的作品融合了中国画传统的笔墨形式和日本画法,长于色彩和水墨的渲染。孙中山曾赞许他的作品具有新时代的美,足以代表革命。汪精卫对他的画颇为欣赏,他们私人感情也好,高奇峰去世时抗战还没有开始,汪精卫还未投日,时任行政院长,高奇峰去世后得以公葬,汪精卫是决策者。民国政府后移葬其于南京栖霞山,国民政府主席林森亲笔题写墓碑:"画圣高奇峰先生之墓。"

高奇峰是以"革命家兼写生手"的面貌出现在革命与艺术的时代浪潮中。他在上海创办审美书馆,出版《真相画报》,一面致力艺术,一面宣传革命思想,反对袁世凯。据说他曾"密储炸弹盈室,而熟寝其上"。广东西部县份发生水灾,高奇峰即卖画筹款赈济灾民。当年因高奇峰将自己的画标示为"折中画",称"采集中、东、西所长合成一派",试图以西洋画改造中国画。

艺术这条路上,有愿意步行的,有乐于骑马的,当然,也有迫不及待想要飞的。黄宾虹喜欢走走停停,他最高兴的也许就是在一棵宋代的树下,画一峰唐代的山了,当然,如果再飘过一朵魏晋或者五代的云,那就是人生最诗意的事情了。

"使笔墨变化于无穷者,在蘸水耳"

1935年夏天,黄宾虹再次应广西教育厅的邀请,和陈中凡、陈柱尊等经由香港到南宁,担任"全省中等学校教职员暑期讲习班"讲师,主讲金石学史、国画概论等。

陈中凡在东南大学任教期间,曾主编《国学丛刊》,提倡用科学的方法整理国故。他曾和鲁迅、孙伏园、蒋廷黻等受邀去西安讲学——当时全国出名的学者、教授一般都聚集在北京和上海等大城市,其他各省教育厅多设立"暑期学校",聘请学者名流在暑假期间讲学。

黄宾虹这一次还与老友陈柱尊等人同游北流勾漏山。因为陈柱尊就是广西北流人,黄宾虹后来为其作有《北流萝村陈柱尊山屋图》和《暗螺山图》。

20世纪30年代中期的黄宾虹　20世纪30年代,远游写生中的黄宾虹(左三)

后居北平时期，黄宾虹还画有一幅《勾漏山图》，应该是对当年游北流勾漏山的纪念吧。陈柱尊亦有《寄黄宾虹先生北平》诗："最忆黄山老画师，故都看画已多时。羞逢降将迎胡虏，几为忧边听鼓鼙。文酒江南何日再？兵戈岭表足愁思。寄诗遥祝须珍重，天下兴亡一局棋。"

20世纪30年代中期的黄宾虹，郎静山摄

勾漏山，位于广西北流东南方，因山下有一溶洞，勾曲穿漏，故名勾漏洞。相传东晋时的道士抱朴子葛洪，在此洞内炼丹成仙，故而声名远播，为道家三十六洞天之第二十二洞天，山亦因勾漏洞而得名勾漏山。洞内奇景自然天成，人文历史悠久，明代旅行家徐霞客曾到此游览、考察，留下了游踪墨迹。

《勾漏山图》取倪瓒"一河两岸式"构图。对黄宾虹意义至深的弘仁对倪瓒的人生境遇和荒寒萧瑟的笔墨有一种极其深刻的体会，弘仁曾在《偈外诗》中说："疏树寒山澹远姿，明知自不合时宜。迂翁笔下墨予家宝，岁岁焚香供作师。"谦恭备至。倪瓒的清寂、孤冷、幽深、恬淡，在弘仁那里——接着在黄宾虹那里，全都幻化成了一种意境深邃、气象万千的胸中丘壑。

《勾漏山图》中近景起伏平缓的丘陵处，大树簇生其上，林木蓊蓊郁郁之间，可见房舍内的高士——会不会是徐霞客？正在斟酌《徐霞客游记》中那篇《粤西游日记》："北流县西十里为鬼门关，东

《勾漏山图》

十里为勾漏山，二石山分支耸秀，东西对列，而鬼门巅崖遂谷，双峰夹立，路过其中，胜与勾漏实相伯仲……"画面上江水流淌，青山重叠，错落有致的淡墨远山，则将景致推向更高远处。风时时吹着，而这一刻，风停下来了，一只白鹤，似乎刚刚从画面上一掠而过。画面墨色沉凝斑驳，满纸氤氲淋漓，表现出来的苍茫朦胧之境，正是黄宾虹所追求的美学境界。画中大面积的黑，虚实之间幽深杳冥的意趣，一派静穆萧疏，境界旷远。

广西讲学之余，黄宾虹还和到广西创办桂林美专的老朋友马万里联合举办绘画双人展。

与香港画家李凤坡、张虹、黄般若及蔡哲夫等旧友同游九龙半岛，商榷绘事，有所问答，由张虹分条记录，辑为《宾虹画语录》，第一次提出"使笔墨变化于无穷者，在蘸水耳"的蘸水法。

黄宾虹认为："画架之上，一钵水，一砚墨，两者互用，是为墨法，然而两者各具其特性，可以各尽其所用，故于墨法外，当有水法。画道之中应立水法，不容忽视。"水不仅仅只是用来研墨、洗笔的，也不仅仅只是用来润笔、调墨和调色的，而是应该充分认识到水的特性，发挥水在笔墨中无可替代的作用。

黄宾虹的山水画，有的地方没有线条，然而画面上却时有淡墨或淡彩的痕迹，这便是他在画面上故意留下的水渍。他强调，大理石的斑斓，既不是靠笔，也不是靠墨，而是自然形成的。黄宾虹后来画山水，先把山、水、树、石勾定，经过皴擦、点染后，在将干未干时，用较大的笔在画面上铺一层水。有时，他还把画反过来，用水在画的背面抹了又抹。有一次，他风趣地对一位客人说，"我这是用水灭火"。客人不解其意。黄宾虹笑着解释说，墨是火烧成的，抹上水，这不就是灭火吗？

最后一次上黄山

黄宾虹受邀参加了"东南交通周览会",去黄山游览。他先返回家乡歙县潭渡村探望,有乡邻以早年画求题,均换为新画,而将早年画收回撕毁,还通知乡邻,凡收存有早年画作者,都请拿来换取新画。随后祭扫祖坟,并在黄山披云峰拜谒了弘仁墓。

《黄山松谷白龙潭》(局部)

不知年已七十多岁的黄宾虹想到没有,这是他一生中最后一次上黄山了。

黄山以两湖、三瀑、七十二峰著称,集天下名山之美,"黄山归来不看岳"绝对不是谬说。黄宾虹九上黄山,画过无数次黄山的黄宾虹,九十岁眼睛已经得白内障,还摸索着画了《黄山风景》《黄山松谷白龙潭》《设色长卷》《殊音阁摹印图》等多幅黄山图,他最后画的一幅黄山画作是题署为"九十二叟宾虹"的《黄山汤口图》。

《黄山汤口图》画面下方溪水潺潺,不但让人听见流水的声音,恍惚之间还看见了刚刚飞出画面的一群鸟雀的痕迹,甚至还看见了一只青蛙跳进溪水里,正起劲地鼓噪着。画面左侧老松高挺,藤蔓缠绕,有小屋,水流下泻,应为人字瀑和百丈泉,此处适合诗人观瀑朗诵,李白不就是站在瀑布下才吟诵出那首千古绝句《望庐山瀑

第五章 浑厚华滋 胸中丘壑

《黄山汤口图》1955年

布》嘛,"飞流直下三千尺,疑是银河落九天"。庐山瀑布黄山瀑布一样都是瀑布,没有诗人吟诵的瀑布真是浪费。画面上主峰突出,宛若一朵初放的莲花——莲花峰,后面几抹错落有致的远山,衬托出了前景的雄伟峻峭,极具重量感。

"行到水穷处,坐看云起时。"云起云落,一大朵镶金边的云早已经飘到画面外去了,像是谁把珍版古籍搬出了"停云馆"——那是明代书画家文徵明的藏书楼。画面云雾空白处,也许会走过来隔着梦散步的弘仁……

弘仁画有实景写生《黄山图》六十幅,石涛谓之:"一木一石,皆黄山本色。"弘仁有一钤印"家在黄山白岳之间"。想和弘仁做邻居?黄宾虹或许还会邀约三上黄山的张大千,十上黄山的刘海粟,还有曾经一次就在黄山呆了45天还不愿意下山的李可染,四五知己,谈书论画——刘海粟曾经在1988年所作《黑虎松》画上题

1953年4月,黄宾虹在杭州栖霞岭32号寓所庭院,中为孙女黄高勤(黄用明女)、右为孙黄高让(黄映宇子)。孙婿章传鸿摄

记："十上黄山画黑虎松并遇李可染，一九五四年夏与可染同画黑虎松及西海，朝夕讨论，乐不可忘。今可染已自成风格，蔚然大家，松下忆之，匆匆三十四年矣。"老朋友再聚，可谓乐事。

黄宾虹作《迎送松》诗："今古几游客，劳劳管送迎，苍官不知老，披拂自多情。"来来来，松树下支一张桌子，好朋友搓麻将人都够了。

亦如法国印象派画家塞尚，不厌其烦地一遍遍描绘着家乡的圣维克多山，就像是他终生矢志不渝爱着的一位女子一样。这种爱，在外人看来几乎成为了一种神经质。

黄山形象在黄宾虹一生的画作中反复出现，乃至凡是他笔下出现的山，都像是黄山仙风道骨的侧影，以至于黄宾虹写生的巴山蜀水都类似黄山的风景。也就是说，大江南北不论哪儿的山，在他笔下似乎都被赋予了黄山的魂魄，他想让黄山的风声雨声和自己血液流动的声音混合在一起。黄宾虹是以一种艺术的方式，来实践生命与大自然对话的。

描绘真山真水绝非黄宾虹的本意，而黄宾虹的山水画又绝对是从真山真水而来。他说：

> 山水乃图自然之性，非剽窃其形，画不写万物之貌，乃传其内涵之神，若以形似为贵，则名山大川，观览不遑，真本

《黄山九龙潭一角》

《黄山风景》

具在，何劳图焉。"也就是："山水我所有，这不只是拜天地为师，还要画家心占天地，得其环中，做到能发山川的精微。

黄宾虹不仅看到黄山的大，还注意到黄山的小，对草木虫禽的观察细致入微，别有一种情趣。

黄宾虹90岁时在一幅《题设色花卉轴》中写道："前三十年枚炎入黄山，见野卉丛生邃谷中，多不识名目写为图。"

《黄宾虹文集》中有一篇文章，所举黄山灵禽异卉，生动有致，此随手抄录一段如下：

云雾草：垂垂岩壁，如丝，浅黄色。

木莲花：慈光寺前，高柯成围，经冬不凋，花叶皆九出。

金缕梅：花瓣如缕，翩翩欲舞。

璎珞花：清香隽永，有垂柳态。

山乐鸟：声甚奇异，若歌若答，节奏徐疾，下山所无。

白猿：汤岩夫游黄山，弹琴始信峰，有髯而白衣者立其前，谛视之乃雪翁，即猿也，因写《袁公听琴图》。

……

汤岩夫，安徽太平人，明亡后隐居不仕，工书画，善诗文，博览群书，研究《易经》，著有《商歌集》。

对牛弹琴一窍不通，这道理谁都清楚，汤岩夫给猿弹琴，还视猿为"袁公",作《袁公听琴图》,让人叹谓。接下来,会不会就该泡一壶黄山毛峰,和"袁公"对饮了?

徐霞客游览黄山后盛赞:"薄海内外,无如徽之黄山。登黄山,天下无山,观止矣!"

清康熙时太平县令陈九陛以为徐霞客言过其实,待他到过始信峰,方为黄山景色所折服,始信徐霞客所言不虚,遂于狮子林客堂壁书"岂有此理,说也不信;真正妙绝,到此方知。""始信峰"由此得名。

弘仁亦有朋友为自己所作画题记:

> 黄山文殊院,高出万峰之首。矮屋两间,孤峭与天接,宝月师居焉。渐公游而乐之,作画为师供,且赠以诗。有

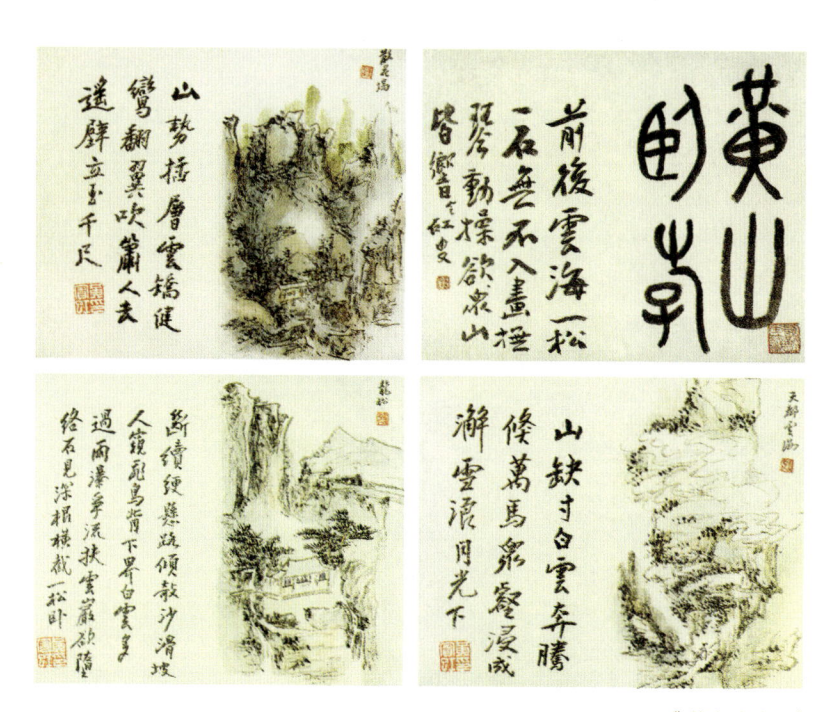

《黄山卧游册》

百年巨匠 黄宾虹 Huang binhong

《写意山水图》

"闭门千丈雪，寄命一枝灯"之句。阅数年，余与宝师遇，师举此画为予赠，因为余语渐公登峰之夜，值秋月圆朗，山山可数。坐文殊石上吹笛，江允凝歌歌和之，发音嘹亮，音彻云表。俯视下界千万山，山中悄绝，唯莲花峰顶老猿，亦作数声奇啸。至三更，衣辄易辄单，风露不可御，乃就院宿。

黄宾虹曾在一幅《题黄山散花坞图》上题诗："山势插层云，矫健鸾翻翼。吹箫人去遥，壁立玉千尺。"

奇人奇猿，那都是和黄山和一个朝代遗民有关的事情，其他人只需跟着称奇就是了。

从"新安四家"肇始，黄山给了黄宾虹艺术灵感，也给了他艺术志向。他一生曾九上黄山，自称"黄山山中人"，晚年风格从淡恬清雅变为浑厚凝重。居北平期间，曾致友人函，"老且病，不能拔身归黄山为恨。"他还十分重视"黄山画派"的研究，著有《黄山画家源流考》一书。

在刘海粟的一次家庭聚会上，黄宾虹与刘海粟合作画了一幅《苍鹰松石图》。

刘海粟 1912 年在上海创办现代中国第一所美术学校"上海国画美术院"，任校长，这所美术学校也是上海美术专科学校的前身。柯灵曾说过："治白话文学史，不能无胡适、陈独秀；治新文学史，不能无鲁迅；治新电影史，不能无夏衍；治新美术史，不能无刘海粟。"可见其在中国美术史上的重量。

《苍鹰松石图》谁画松石谁画鹰？黄宾虹与刘海粟两个人不分季节赛着上黄山，不管谁肯定都是画的黄山松石，至于鹰，那就接着在黄山的天空盘旋吧。

刀枪剑戟的时代自有青梅煮酒论英雄，千年之后的文人雅士亦是把盏茶酒话笔墨。在上海新华艺专教务长汪亚尘家的一次聚会中，黄宾虹与徐悲鸿合作了一幅《杂树岩泉图》，还题字馈赠聚会中初识的黄苗子。对这件事念念不忘的黄苗子，当年才是个二十多岁的文艺青年，而年逾七旬的黄宾虹已经是画坛大家了。

早已成为书画名家的黄苗子，在2008年94岁高龄时受邀亲笔为黄宾虹故居题字，也算是报答当年的知遇之恩吧。黄苗子早些年还写过一篇《画手看前辈——纪念黄宾虹逝世二十五周年》的文章，记述了对黄宾虹的印象："瘦长身体，老是穿着长袍。皮肤红黑，有点像饱经风霜的农民。上唇留着短髭，双目炯炯有神。接待朋友、后辈，非常和蔼恳切，总是带着笑容，用粗朗的低音娓娓清谈，使你和他接触感到终日不倦。"

因上海仅有的一所美术专科学校在1926年学运中被迫停办，原上海美专离校的教职员诸闻韵、潘天寿、陈为章、俞寄凡、潘伯英等多方奔走，遂成立了一所新的美术学校——"新华艺专"。新校注重教学质量，广揽名师，黄宾虹、颜文梁、张善孖、贺天健、应野平、陆一飞、李叔同、郁达夫、吴湖帆、唐云等一个个鼎鼎大名的画家、音乐家、文学家先后来学校讲课。教务长汪亚尘的家可谓中国兰亭雅集式的艺术沙龙，少不了群贤毕至。汪亚尘还与刘海粟在1924年联名建议《拟请于英国退回赔款中划出一百六十分之一建造美术馆》——如此一个颇具戏剧性的建议——感觉像是一幕大型悲剧中群众演员信口说出来的一句喜剧台词。

第六章 蛰居北平 守望『内美』

山水画是中国人的理想世界，这个世界由「内美」生发，人一生不停跋涉的精神和心灵，可以在山水中停下脚步。山水中所蕴藏的自然的力量，有着一种不容亵渎的神圣美，可以让人把不穿衣服的梦交给自然。

黄宾虹山水画的「内美」，源于他对篆刻、书法、诗词、音乐，以及画史、画论、古文字学、史学、经学等诸方面的学养功底，这些，令黄宾虹的山水画达到了一种纯为化境的地步。

"竹北栘"

"九一八事变"后,形势紧张,故宫文物南迁。1933年元月,国民政府把故宫重要文物包装了一万三千多箱,从2月到5月,前后共分五批从北平经平汉、陇海转津浦铁路运到浦口,再换江轮到上海,分别存放在法国和英国租界。国民政府后决定在南京朝天宫旁修建永久保存库,并且在1936年8月完工,于是原存上海的文物,便在当年年底,全部用火车运到南京新库存放。后因抗日战争日趋激烈,这批文物随即又分三路在日军炮火下紧急迁移。南线,最重要的80箱文物经南京、长沙、贵阳,运往安顺;中线,近一万箱文物由水路经汉口、重庆、宜宾运抵乐山;北线,七千多箱文物装火车由宝鸡入成都至峨眉。另有近三千箱暂存南京。

在此期间,为了参加"伦敦中国艺术国际展览会",国民政府特别请故宫博物院遴选了七百多件精品,装入特制的铁箱,运到英国参展,这也是迄今为止故宫博物院最大规模的出展,在西方引起轰动。同时,部分南迁文物还曾在莫斯科、圣彼得堡,以及国内的上

黄宾虹和幼子黄鉴合影　1925年,黄宾虹与黄映芬(中)等合影

海、南京、成都、重庆、贵阳等地举办展览，在当地都产生了轰动。尤其值得一提的是，在重庆展览期间，由于敌机经常来袭，因此在展览说明书后，还加上了这样的提示："如遇敌机空袭，大家依次撤退。"这样的展览说明，在人类历史上抑或是绝无仅有的。

黄宾虹这一时期被聘为故宫古物鉴定委员，每日至中央银行保管库鉴定文物。上海鉴定完后，继续赴北平鉴定故宫尚存古画，鉴毕返沪。对于黄宾虹而言，那些经年累月早已烂熟于心的古代

《山水》

名画，这次终于有了面对真迹的机会。那一阶段他每天鉴画都在150幅以上，总计鉴定故宫藏画四万余幅，全都一一做了记录，《黄宾虹故宫审画记录》手稿就有65册，共计三十多万字，全是那两年间的工作记录，其中相当一部分古书画现今就存放在台北故宫博物院。黄宾虹的这份审画记录应是当年北平与当今台北故宫库藏档案之外的另一重要文献资料。

1937年6月，黄宾虹应北平故宫博物院古物陈列所和北平艺术专科学校之聘，赴北平审定故宫南迁书画和担任教授。7月，卢沟桥事变，抗日战争爆发，日军随即占领了北平。

在沦陷的北平，黄宾虹租居于西城石驸马后宅七号，他给自己的居屋起了个雅号："竹北移"——自文同、苏轼始，竹常被古代文人用来表现清高拔俗的情趣，以及正直的气节、虚心的品质和纯洁的思想感情，早已衍变成了人格、人品的直接写照。"宁可食无肉，不可

《山水》

居无竹。"苏轼的这句话也可以用作黄宾虹的自喻。

世居京城，精研文史，尤精于掌故之学的瞿兑之描述过黄宾虹的"竹北杍"：

> 承尘已倾且漏，所聚书，上充栋而下叠席，案上凝尘不拭，秃笔破砚，零笺残墨，以致手镌之印章，散乱无纪，不识者固不料其为烟云供养中人……庭中虽仅能旋步，顾依墙种苦竹数茎，文石一拳，大有生意。北方风干气凛，不生碧藓，先生手翦理之，置石盎中，至冬日蒙茸深绿，乃胜于唐花。

黄宾虹更像是宋代画家李公麟笔下莼菜线条勾出的"扫去粉黛、淡毫轻墨、高雅超逸"的白描人物。

北平的天空，高，风大，无云。笔直的白杨树叶籁籁响着，像极了有人躲在高处拉着琴弦。穿一件青布大褂的白描人物面容清癯，籁籁的声音送他回家。

黄宾虹80岁时，撰《自叙生平》，其中一段这样写道：

> 近伏居燕市将十年，谢绝应酬，惟于故纸堆中与蠹鱼争生活，书籍金石字画，竟日不释手。有索观拙画者，出平日所作纪游画稿以示之，多至万余页，悉草草勾勒于粗麻纸上，不加皴染；见者莫不骇余之勤劳，而嗤其迂陋，略一翻览即

弃去。亦有人来索画，经年不一应。知其收藏有名迹者，得一寓目，乃赠之。于远道函索者，择其人而与，不惜也。

蛰居京城的日子是困顿的。

黄宾虹的弟子石谷风在《蛰居十载竹北栘》一文中介绍说，有一位铁路工人张海清，因慕黄宾虹大名，登门索画。张海清懂些书法，和石谷风认识，因黄宾虹生活异常艰辛，家中时而缺米断粮，张海清就想方设法弄些粮食送来。为了表示谢意，黄宾虹就让选其所爱的字画拿去，这样过了一年多，竟然积存了百幅之多，遂题所居为"百黄斋"。

石驸马胡同口有个卖米的小店，黄宾虹也时常光顾。有一次，称好的米已经倒进了米袋，黄宾虹一摸兜儿，没钱。小店主人倒也爽快："下次再说。"以后，每隔一段时间，小店主人就给黄宾虹送来几斤大米。黄宾虹也就回送他一幅画，算是以画换米吧。

听说过齐白石画棵大白菜，然后换回来一车过冬大白菜的故事吧？那时候感觉齐白石画的白菜真值钱。我读过齐白石在一幅《白

《秋山烟霭》 　　《秋江钓艇》 　　《齐云山》 　　《若耶溪西子浣纱石》

菜双椒图》上的题字:"牡丹为花之王,荔枝为果之鲜,独不论白菜为菜之王,何也?"颇有些替白菜打抱不平的口吻。

安徽老乡许尧的诗,形象地描摹了黄宾虹的北平生涯:"风雪埋头耐讨寻,寂寥巷陌一灯深。摒除万事成孤悦,癖古何知更有今。"

许尧,工画山水、花卉、竹石,画愈工而穷愈甚,老年寄居寺中,喜饮茶,友人为其置一棺于寺中,值大雪乏薪,乃日削棺木以煮茗——这茶的滋味可不是随便什么人都能消受得起啊,是不是有一种绝笔的味道?

黄宾虹继续着自己的研究,他一意搜集明代遗民画家材料,曾致书友人:"僧渐江、程穆倩、郑遗苏皆处时艰,抱其亮节清风,不为污俗所染。"

出世遗民的心态总是不无自觉地表现在黄宾虹的审美旨趣中。可以说,黄宾虹的一生,在精神上都是与这些遗民面对而坐的。

渐江、程穆倩、郑遗苏都是安徽歙县人,渐江,也就是弘仁,曾数度参与抗清复明的斗争,弘仁与石涛、梅清同为"黄山三巨子",时人谓:"石涛得黄山之灵,梅清得黄山之

齐白石 《白菜》

1941年9月8日,古物陈列所国画研究馆

1935年秋，《安徽丛书》编审会留沪同仁欢送徐积余移居苏州时合影，后排左四为黄宾虹

形，弘仁得黄山之质。"程穆倩在诗、书、画、印方面修养极高。他因议论"马士英眼多白，必乱天下"而遭到迫害，险些丧命，后来只得隐身匿迹。郑旼，号遗苏，擅长山水画，以干笔见胜，侧锋取势，意境幽僻澹逸，自具风貌。

　　上一个朝代的遗民总是下一个朝代的麻烦事，改朝换代是历史大事，大事归国家，芝麻粒小事归自己，弄不好芝麻粒就成老鼠屎了。从伯夷、叔齐耻食周粟开始，每逢改朝换代都有遗民问题。笔墨峭劲雄峻，以创"大斧劈"皴闻世的宋代画家李唐，就画有《采薇图》，表现了被后世视为楷模的伯夷、叔齐的那段历史。唐、宋、元、明、清改朝换代莫不如此。宋代画家郑思肖所画兰花多为疏花简叶，且不画根土。人询之，则曰："地为番人夺去，汝不知耶？"与被谓之"明三百年无此笔墨"的陈洪绶齐名，号"南陈北崔"的崔子忠，明朝覆灭，他"走入土室中匿不出，遂饿而死"。

但可要知道，清朝顺治时期的大书法家、礼部尚书王铎，却是被列入《贰臣传》者。乾隆皇帝把降清的明朝官员称为"贰臣"，说这些人"遭际时艰，不能为其主临危授命……大节有亏"。乾隆实在有点不厚道，祖宗基业不过百年，就将这些当年多多少少对于巩固清朝政权有功的降臣如此羞辱。王铎地下有知，脸上会不会蒙一张黄表纸？不过，这张黄表纸如若写有王铎的书法，现今热热闹闹的拍卖会一槌下去，怎么也得百十万元吧？

"遗民"是一笔一笔的痛，不似现在有钱人投资"移民"，飞机轰鸣着穿过云朵就兴高采烈地远走高飞了。

大道至简

黄宾虹这一时期著述甚多,有《渐江大师事迹佚闻》《石溪事迹汇编》《垢道人佚事》《宾虹论画》《画史年表》等。

大道至简。

中国文化之传统,非儒即道,非道即禅,也或者儒道佛三家并行不悖。笔者曾在山西悬空寺见过一狭窄的"三教屋",老子和佛祖、孔子同居一室接受祭祀,像是一个教室里坐的三位同学。

1938年春赏花合影,左起于非闇、张大千、黄宾虹、福开森、周肇祥、钱桐、徐世昌、江朝宗

《芍药桃花》

鲁迅说过，中国文化根底全在道教。黄宾虹山水画的精神实质可谓"根底全在道"矣。黄宾虹甚至有一篇谈书法的文章，冠以道家名曰《太极图笔法演示》。黄宾虹提出太极笔法，一勾一勒，强调线条的形态须一仰一俯，进而产生一个气场，笔笔呼应，相互关照。太极笔法其实也是中国人看待事物的一种认知方法，黄宾虹引入到绘画中，并且通过具体的技术层面展示出来。他认为："老子言'道法自然'；庄生谓'质进乎道'。学画者不可不读老、庄之书，论画者不可不见古今名画。"

想起黄公望，其山水画影响深远，成为自明清以来文人画家的典范而被竭力仿效，且被誉为"家家一峰，人人大痴"的"元四家"之首，因世事所累，遂皈依了道、释、儒三教合一信奉"忍耻含垢，苦己利人"的全真教；还有另一位"元四家"之一的王蒙，他心目中所崇仰的理想人物，就是晋代道家人物葛洪，反映其避世思想最具代表性的画作《葛稚川移居图》，表现的就是道家虚静淡泊的精神境界。

黄宾虹在《古画微》里写过："宋之画家，俱于实处取气，惟米元章于虚中取气。虚中之实，节节有呼吸、有照应。"又说："作画如下棋，需善于做活眼，活眼多棋即取胜。所谓活眼，即画中之虚也。"还说："看画，不但要看画之实处，还要看画之空白处。"

《山水》

中国佛教禅宗史书《五灯会元》记载唐代青原惟信禅师说："老僧三十年前参禅时，见山是山，见水是水，及至后来亲见知识，有个入处，见山不是山，见水不是水，而今得个体歇处，依然是见山只是山，见水只是水。"

黄宾虹眼中的黑白二色，表达的却是一阴一阳，一虚一实，一动一静，相生相发，相反相成，是中国传统文化的一种深刻表现。

采访画家张桐瑀，问：

  黄宾虹的积墨画法，反复的积墨，会不会变成不断重复的过程？

张桐瑀说：

  因为中国绘画是以阴阳立形象，以阴阳立生命，以虚实立形象，以刚柔立品格。黄宾虹发现古人一挥而就，让人看起来画面有点单一，不厚重。就是说这种后劲虽然从点画当中也能获取，但是大量的留白和若隐若现的虚象或者形象，使人总感觉不过瘾，总感觉把握不住。黄宾虹有感于此，就加大了作画的程序性，使得笔墨的这种施展得到了一次次的提升，一次次的体验。这不是一种重复，而是在努力塑造，努力表现自然山川的神韵，也就是阴阳、虚实，反复积墨，就是抓自然山川内在之美。这一点可能和别的画家不一样。

问：

积墨，有没有变化？据说黄宾虹十几遍、二十几遍，一遍一遍地画，这样对绘画有什么特点，会形成什么样的东西？

张桐瑀说：

他这种积墨，如果不得法，会使得画面焦黑一片，不入赏品。但是黄宾虹的这种积墨层层透亮，使我们感觉在画面当中发射出来一种如玉般的光芒。这种积墨也是按照书法的构成原则来积墨，每一块给另外一个层次留有余地。注重笔墨的阴阳，第一遍勾勒之后已经带有笔墨的阴阳，如果继续加下去，继续积下去，只能增加笔墨上的这种阴阳变换的墨的感受，所以他情不自禁地一遍一遍诉说，一遍一遍地表现。因为他按照书法的原则，再一个他每一笔和每一笔都错开，不是直接在原来那个笔画上重新描抹，有一种错位，这种错位叠加在一起，就有深度律动的感受。这有点像丝罗网套不准，或者珂罗版印刷套不准的感觉。在一种似是而非变幻莫测当中，通过视觉来把握确定的时候，那个东西才存在。但是具体把握，具体确认又不是，所以人的视觉参与画面的整合，这一点很重要。

关于黄宾虹的画给普通人的感受就是黑成一片的黑山黑水，这种美怎么欣赏？张桐瑀说：

> 这个黑实际上是为了留出更漂亮的，或者说更加独特的白来。就是说他这个黑是留白来决定的，而不是一味的黑，我们经常看到他有些画中，就是好像不合理，就直接用笔圈起来，这块白是不允许弄黑的。其他地方可以糊涂，这个地方是不允许有一点脏，或者一点淡墨进去，直接留白。那么这种白的保留，就不会影响画面上的沉着和明亮。严格来讲，他的画越黑，一定是某个地方留出了一块非常鲜明的白。因为，黑是针对白而言的。他的黑是要使这个画面亮，而不是要画面黑，本意不是让画面黑下去，而是让画面亮起来。
>
> 他的白，就像我们的眼睛，死人是没有这种光泽的，活人就那么一点亮，精气神出来了，但眼睛的大部分还是黑的，虽然一点亮，但能标志人的精神状态。这是对中国文化的一个高度总结，他把这种深刻的哲理运用到了画面当中。

黄宾虹越老越深刻理解黑与白的重要，他1954年自题《山水册》："古人作画，用心于无笔墨处，尤难学步，知白守黑，得其玄妙，未易言语形容。"

所谓"衰年变法"

在北平故宫博物院古物陈列所国画研究院及北平艺术专科学校任教时,学生们都称黄宾虹是"爷爷辈的老师"。石谷风回忆,黄宾虹每个礼拜有一个上午来研究院授课,钱桐所长有个规定,凡逢黄宾虹讲课,不论导师还是职员,一律旁听。这规定,意味着张大千、于非闇等也须坐在前排导师座位上,但遭同学们私下窃笑的尴尬。

石谷风回忆,有一年正月里,北平古物陈列所第四任所长周肇祥,约黄宾虹逛厂甸,就是文人最爱逛的琉璃厂一带,石谷风也跟着去了,各店铺转了转一无所获,回来坐在有轨电车上,经过和平门师范大学,看见围墙外挂着许多旧字画,因街上人多,电车行驶很慢,黄宾虹从车窗往外看,突然他指着一幅山水画对周肇祥说,这张画笔墨气韵很好,可能是龚半千画的。周肇祥不信,打赌说如果真是,就

恽寿平作品(局部)

请他去前门老字号"都一处"饭馆吃一顿。于是下车，寻到那幅画一看，果然是龚贤墨迹。周肇祥购回后挂在办公室内供人欣赏。

什么是"眼力"？《旧唐书》记载，有人拿来一幅奏乐图，任太乐宰专管宫廷音乐的王维看了说："这是正在演奏《霓裳羽衣曲》，已经演奏到了第三叠第一拍。"如此玄乎，谁信？还真有好事者弄了支乐队来验证，果然分毫不差。龚半千是被黄宾虹视作前世朋友的，朋友的模样能随便忘了吗？

石谷风还回忆，1939年11月的一天早晨，生冷的寒风中，黄宾虹在北京西单候车，忽然被两个陌生人撞倒，待起身后发现，随身携带授课用的两件宋人和明人手卷不见了踪影。俗话说，不怕贼偷就怕贼惦记。看来，这也是早有预谋的一次打劫。

另有吴文彬回忆黄宾虹在北平艺术专科学校讲课的事，也颇为有趣。黄宾虹的课是在每星期六的上午，地点是在大礼堂，摆一张长桌子，黄宾虹坐中间，学生们四面环立。黄宾虹每次都携带手卷或册页，就画论画，即席讲评。因为乡音重，黄宾虹总是把"艺术"说成"尼雪"，说石涛、八大山人、李流芳等人的画是"拉底"，意思是"辣的"，而"清初四王"王石谷是"甜的"，画甜俗。黄宾虹讲课无固定进度，亦无固定讲义，所不同者，就是每次均带一两件名画原作，那次带来的是恽南田的花卉册，讲的就

《花卉》

《山水册页》

齐白石 《葡萄》

是恽南田的没骨花卉,一口安徽乡音抑扬顿挫,感觉就好似古汉语夹杂着白话文一样有趣,同学们听得如醉如痴。

恽寿平画山水自以为不能超过王翚,便说:"是道让兄独步矣,恽耻为天下第二手。"于是舍山水而专攻花卉,终成一代花鸟画大家。

恽寿平原名恽格,别号南田,又号白云外史——好像"正史"是山水,"外史"是花鸟?恽寿平一笔下去,花青、藤黄、胭脂……花全开了,鸟在十里以外叫了。恽寿平主要成就在于独创了笔法秀逸、设色明静、格调清雅的"没骨写生花卉",影响了整个清代乃至以后中国花鸟画的发展。"没骨",是作画时摒弃墨线勾勒,不用墨线为骨,直接用彩色描绘物象的一种画法。

看黄宾虹一幅没骨《花卉》,几笔稀疏的叶片,一朵谦虚着没好意思绽开的花苞,和一朵雨后含羞但已经绽放的花——一朵少女一朵新媳妇,一夜之间长大了,就是你第一眼看见的这个模样。

黄宾虹的花鸟画似乎都是一种随意的遣兴之作,偶尔为之。

黄宾虹说过:"画山水要有神韵,画花鸟要有情趣,画人物要有情又有神。图画取材,无非天、地、人。天,山川之谓;地,花草虫鱼翎毛之谓,画花草,徒有形似而无情趣便是纸花。"

其实,黄宾虹的花鸟画多是以山水笔墨,表现他眼中的花鸟世界。正如现代画家陆俨少所谓:"画山水如用兵五千,作花卉如用兵三千。指挥五千兵能随心所欲,指挥三千不是更轻而易举了吗？"黄宾虹的花鸟画只不过是被其山水画名所遮盖了而已，他的花鸟画无不奇绝古肆，雅淡逸致。

吴文彬回忆，一天，他和几个同学带上自己的画去拜访黄宾虹，老人家非常高兴，拿出一个蓝布包袱，打开来看，都是他的作品，有水墨山水，有着色山水，还有敷加石绿的山水，也有尚未完成的。为什么用包袱包着而不是卷着放置，都不明白，可没人敢问。黄宾虹示意，如喜欢可以自取，几个年轻人相互看了看，谁也不好意思动手。

黄宾虹给自己取了个"蝶居士"的别号，他回顾自己所走的道路，以蝶自喻，还撰写《说蝶》，以青虫化蝶三眠三起为喻："蝶之为物，自蚁而蛹，及于成蛾，凡三时期，学画者必当先师今人，继师古人，终师造化，亦分三时期。"应该说，黄宾虹已经明确开始了所谓的"衰年变法"。

齐白石也有"衰年变法"，"扫除凡格总难能，十载关门始变更"。这是齐白石对自己"衰年变法"的总结。

有句话说人书俱老，人画俱老，年

《山水》

齐白石像

龄和阅历到了一定境界之后,书法发生变化,绘画也会发生变化。

如果齐白石仅仅活到中年,甚至六七十岁,只会是一个乡下的木匠画工,或者靠卖画糊口,很快就会被时代忘记的画家。但他靠自修,靠努力,完成了文人画家的角色转换。他活了九十多岁,成就了一个奇迹。所以说,凡是大画家,不但笔墨技艺深厚,还要寿数足够,缺一不可。黄宾虹做到了,齐白石也做到了——他经常画的艳而不俗的寿桃,给别人带来了喜气,也给自己带来了福气。

画家顾风说:

黄宾虹不仅是一个杰出的书画家,还是一个文人,一个学者。他应该是中国文明的一个标志性的人物,我个人是这么认识的。因为黄宾虹是一个集大成者。首先黄宾虹有几点是非常重要的,我认为他是一个经历了完整艺术人生的艺术巨匠。

之所以说他是经历了一个非常完整的艺术人生,这里面他的国学基础,不仅仅是在书画上面,他对书学,对于绘画的理论,对于精神

《萱草甲虫》

学，乃至于对哲学，他的见解和高度，包括他的积累都是同时代的艺术家很难企及的。

我觉得他之所以成功，就是因为守住了，很多人没守住，他守住了。另外一个就是天假以年，老天爷给了他90岁以上的高龄，让他如金刚，有这么多不同的元素在槽子里面慢慢地碾，最后碾成一个特殊的材料，成为中国艺术史上的一个高峰。而且，这个高峰跟别人不一样，别人这个山峰可能就是一面好看，从这个正面看，山川形式非常优美，换个角度看可能就不美。黄宾虹这座高峰，怎么看怎么美。"横看成岭侧成峰，远近高低各不同。"我想对于中国绘画来讲，他可以跟荆、关、董、巨，跟石涛这样一些大人物相提并论。

画家龙瑞说：

黄宾虹的艺术完全就是游于艺的艺术，游于艺的精神在黄宾虹的山水画里是体现得最到位的，最完善的。黄宾虹的山水完全超越了一般世俗对山水的一种认识，他完全到了'内美'这么一种高度。还有他本身的一种艺术形态和价值取向，艺术创作目的，都和我们现在一般的绘画形态不一样。所以说他才能够反反复复地，通过他的"五笔七墨"，通过一勾一点，不断展现自己的心性，以及对事物观察审视的一种感悟，同时营造了一个大美的境界。

黄宾虹像蚕一样吐丝作茧，终没有被古法吞噬，破茧而出。他写信给朋友：

学画当如蝶之成仙，自乐其乐可耳。当其孵化成蚁时，经选种者之淘汰，其生成者，如画家之气运生动，由食叶而三眠三起，如画者之笔法、墨法、章法，自师今人而师古人而师造化，此第一期也。饱叶吐丝，成茧自缚，如学者趋时、泥古作品，非不绚烂清华，专事媚人，一落院体，便犹蛹入汤镬，无生机矣。幸而脱化，即若登仙，此第二期也。丹成以后，随意所之，无不应节，如栩栩春风蕙带中，仙乎仙乎，虽凤凰不羡也，此第三期也。仆画尚在第二期中。

倒是想起庄周梦蝶的故事 —— 庄子梦见自己是一只蝴蝶还是蝴蝶梦见他是庄子？如果庄子梦见自己是一只蝴蝶，那么蝴蝶为什么不能在梦中变成一个庄子呢？

"庄生晓梦迷蝴蝶" —— 一个千年以前诗人的失意和一个千年之后画家的笔墨丹青有多少关系？李商隐借助诗歌抒发了自己对生活的参悟和感慨，看黄宾虹的画你可有对逝水流年的追忆？

黑墨团中天地宽

黄宾虹在《画法要旨》中将画家分为文人画、名家画、大家画三个层次：

画之正传，约有三类：

一、文人画：辞章家，金石家；

二、名家画：南宗派，北宗派；

三、大家画：不拘家数，不分宗派。

文人画者，常多诵习古人诗文杂著，遍观评论画家记录；有笔墨之旨，闻之已稔，虽其辨别宗法，练习家数，具有条理；惟位置取舍，未即安详；而有识者已谅浸淫书卷，嚚俗尽祛，气息深醇，题咏风雅，鉴赏之余，不忍斥弃。金石之家，上窥商周彝器，兼工籀篆，又能博览古今碑帖，得隶、草、真、行之趣，通书法于画法之中，深厚沉郁，神与古会，以拙取巧，以老取妍，绝非描头

《山水》（局部）

《梅竹芝仙》

画角之徒，所能模拟。名画家者，深明宗派，学有师承，北宗多作气，南宗多士气，士气易于弱，作气易于俗，各有偏毗，二者不同，文人得笔墨之真传，遍览古今真迹，力久臻于深造。作家能与文人熏陶，观摩日益，亦成名家，其归一也。至于道尚贯通，学贵根底，用长舍短，器属大成，如大家画者，识见既高，品诣尤至，深阐笔墨之奥，创造章法之真，兼文人、名家之画而有之；故能参赞造化，推陈出新，力矫时流，救其偏弊，学古而不泥古，上下千年，纵横万里，一代之中，曾不数人。

夏天过去，秋深了。秋深了像是黄宾虹的哪一幅画——他用浓墨、焦墨、宿墨、淡墨、积墨等各种笔法，加了又加，点了又点，积了又积——夜黑了，但是，可以看见夜黑处有一盏烛光是白的。由此，所有浓墨、焦墨、宿墨、淡墨、积墨无不透露出烛光的白。

黄宾虹的黑，是画在黎明时分的窗户纸上的。

何谓"积墨法"？《辞海》解释："积墨，中国山水画用墨由淡而深、逐渐渍染的一种技法。"

是不是有些类似于油画的厚涂技法？这种墨法由淡开始，待第一次墨迹稍干，再画第二次第三次，层层加墨，反复皴擦点染，甚

夜静无人相对玩月的清
霜居宾虹

第六章 蛰居北平 守望 内美

《紫薇》

至上了色后还可再皴、再勾，画足为止，使画面具有苍辣厚重的立体与质感。

如果说黄宾虹的绘画风格乃刻意从"白宾虹"向"黑宾虹"转变，倒也未必，因为他"白"的时期也有"黑"的，"黑"的时期也有"白"的。所以说，黄宾虹并不严格存在明显的所谓"黑""白"分界。

"白宾虹"在于黄宾虹对传统山水的了解，他那个时期的画作，几乎笔笔有出处，点点有来路。

"黑宾虹"则是黄宾虹用墨上的变法，愈画愈密，愈画愈厚，愈画愈黑。反复皴擦积染，多至十几层，墨色极为浓重，但是仍然不失深浅、浓淡、明暗等细微变化。他可以画无数遍，画到很深的一种感觉，但同样保留了水墨透明的感觉，层层透亮，使我们感觉画面散发出玉一般的光芒。这种积墨也是按照书法的构成原则一遍遍积墨，注重笔墨的阴阳，如同一个人情不自禁在诉说。他的黑，并不是让画面黑下去，而是让画面亮起来。

黄宾虹曾将在歙县老家制墨时剩下的一些墨随身带着备用，由于北京气候干燥，墨块都裂开了，他就放在一个瓦罐里，用水浸透，画的时候再用勺子舀到砚台中。他习惯不洗砚台，所以砚边多宿墨，宿墨画时不觉黑，及至干时，笔笔分明，稍有败笔，暴露无遗，所以一般画家不敢这样用。这种墨用起来很厚重，边上水分又会渗出去，形成了一种独特的墨法。这也可以说是黄宾虹的意外收获吧。

有专家认为，中国书法现在的水准，可能是历代最低的。墨的记忆对于我们已经少之又少了，仿佛多年以前改了简体字的繁体字。现在的书画家们基本都是用瓶装现成的墨汁，哪还见得自己磨墨的。

黄宾虹说："画用宿墨，其胸次必先有寂静高洁之观，而后以幽淡天真出之。"在黄宾虹的笔下，墨成了自然的灵性，成了万物之光彩，使山水画由自然而然地上升为一种人文精神的理趣。

石涛有一句被广为引用的话："黑团团里墨团团，黑墨团中天地宽。"——别说藏只兔子了，就是藏只老虎也未尝不可。

石涛还有一段画上的题跋，读来精彩洒脱极了：

> 古人写树叶苔色，有深墨、浓墨，成分字、个字、一字、品字、厶字，以至攒三聚五，梧叶、松叶、柏叶、柳叶、垂头、斜头等诸叶，而形容树木、山色、风神态度。吾则不然，点有风雪雨晴四时得宜点，有夹水夹墨一气混杂点，有含苞藻丝璎珞连牵点，与空空阔阔干燥没味点，有有笔无墨飞白如烟点，有焦似漆黑邋遢透明点，更有两点未敢向学人道破：有没天没地当头劈面点，有千岩万壑明净无一点。噫！法无定向，气概成章。

石涛这段话颇有宋代词人辛弃疾"以手推松曰去"的气势。

黄宾虹只是在北平三尺小院种了一丛瘦竹。北风凛冽。黄宾虹无松可推，他用推松的底气拿一支笔，笔笔见痕，力透纸背。

黄宾虹从白到黑，从淡到浓，从清逸到厚重，从早年的疏趋向晚年的密。他那些看似散乱的笔触，无论如何叠加，其笔道气脉始终一致，通过繁密的笔墨表现了"内美"的艺术理想。

屈原有诗句："纷吾既有此内

《纪游山水》

《栖霞岭下晓望》

美兮，又重之以修能。"

　　山水画是中国人的理想世界，这个世界由"内美"生发，人一生不停跋涉的精神和心灵，可以在山水中停下脚步。山水中所蕴藏的自然的力量，有着一种不容亵渎的神圣美，可以让人把不穿衣服的梦交给自然。

　　黄宾虹山水画的"内美"，源于他对篆刻、书法、诗词、音乐，以及画史、画论、古文字学、史学、经学等诸方面的学养功底，这些，令黄宾虹的山水画达到了一种纯为化境的地步。他集万山丘壑于一身，使笔墨为自己意念中的山水自然传神，且融合生熟、稚老、巧拙之笔墨于一体，创造出独具面貌的浓密苍茫、大气恢宏的画风。

　　清代画家王昱《东庄论画》谓：

　　　　有一种画，初入眼时，粗服乱头，不守绳墨，细视之则气韵生动，寻味无穷，是为非法之法，唯其天资高迈，学力精到，乃能变化至此，正所谓"清水出芙蓉，天然去雕饰"，浅学焉能梦到？

　　石涛《苦瓜和尚画语录》中有段话说得更为干脆痛快：

不可雕琢，不可板腐，不可沉泥，不可脱节，不可无理，在于墨海中立定精神，笔锋下决出生活，尺幅上换去毛骨，混沌里放出光明，纵使笔不笔，墨不墨，画不画，自有我在。

黄宾虹有一则题跋：

恽道生论画，言疏中密，密中疏，南田为其从孙，亟称之，又进而言密中密，疏中疏。余观二公真迹，尤喜其至密者，能作至密，然而疏处得内美。

恽道生自题画："逸品之画，笔似近而远愈甚，似元而有愈甚；其嫩处如金，秀处如铁，所以可贵，未易为俗人道也。"

爷爷恽道生"嫩处如金，秀处如铁"的线条到了孙子恽南田手里，变成了"没骨写生花卉"——鳜鱼无刺，梅花茉莉海棠"暗香浮动月黄昏"。老生改唱花旦了？

国家之痛

除了按时去学校授课,那一时期,明末遗民画家是黄宾虹的主要讲课内容。他还在《新北京报》和《中和》月刊上发表关于这些遗民画家的传略和评论,对他们生逢乱世坚持精神操守的品格大肆赞扬,并且重刊了二十多年前写的《王烟客与复社的龌龊》,对王时敏投靠清朝的失身行为进行了针砭。

授课之余,黄宾虹基本不与外界来往。

日本画家中村不折、桥本关雪委托画家荒木石亩来北平看望黄宾虹。黄宾虹不见,请学生转告荒木石亩,眼下中日交战,私人交情再好,没有国家的事情大。

想到齐白石,在大门上贴出一张告白:"画不卖与官家窃恐不祥

《山水》(局部)

告白：中外长官要买白石之画，用代表人可矣，不必亲驾到门。从来官不入民家，官入民家，主人不利。谨此告知，恕不接待。庚辰正月八十老人白石拜白。"随后又贴出专对日本翻译官的告白："与外人翻译者，恕不酬谢，求诸君莫介绍，吾亦难报答也。"当发现仍无法阻止骚扰时，断然贴出："停止卖画！"对于一位以卖画度日的画家来说，这么做，需要多大的勇气和代价啊。

还想到梅兰芳，为拒绝日本人胁迫演出，毅然蓄须明志，甚至不顾生命危险，叫医生连续注射了三次伤寒预防针，连续发起高烧，以病重为由拒演，表现了一个艺人的民族气节。1945年8月15日，日本无条件投降，他做的最重要的一件事就是把胡须剃掉，庆祝胜利。

因购买研究金石资料和生活所迫，黄宾虹出售所藏部分"四王"山水画作。就像是和一个个相交已久的老朋友告别一样，黄宾虹总是恋恋不舍。

黄宾虹曾在《古画微》中颇有意趣地记载王时敏：

> 每得一秘轴，闭阁沉思，瞠目不语。遇有赏目会心之处，则绕床大叫，抚掌跳跃，不自知其酣狂。尝择古迹之法备气至者二十四幅为缩本，装成巨册，载在行箧，出入与俱，以时模楷。

如果用朋友好聚好散来解释，倒也释然——说有一次李可染在黄宾虹家看其藏画，黄宾虹告诉他："这些画都是我的朋友，

《山水》

1943年冬,"黄宾虹先生八秩书画展"在沪宁波同乡会开幕。广告在展览期间刊登在上海《新闻报》《申报》,广告署名的有张元济等

一个人交朋友多,见识才广。"不过,有时可以和画做朋友,但绝对不能和人做朋友,就像王时敏,是有过历史污点的;还有元代书画家赵孟頫,他的失节行为到了清代,遭到格外鄙夷。张庚评为"大节不惜,故书画皆妩媚而带俗气"。更被傅山斥为"薄其人遂恶其书……熟媚绰约,是贱态"。傅山年轻时曾学赵孟頫,后来出于政治思想原因而鄙夷赵字,认为赵孟頫乃贰臣,并且一再告诫儿孙千万不可学赵字。有诗《作字示儿孙》:"作字先做人,人奇字自古。纲常叛周孔,笔墨不可补。"

失身事大,大事历史自有定论。

那么,接着为朋友们作画——为香港黄居素画设色山水长卷,并题长跋。

黄居素早年追随孙中山革命，曾任农民部长、粤军总司令部政治主任等，后来淡出政坛，到香港定居，专心写作，对佛学颇有研究，曾随黄宾虹学习书画。黄居素1955年到北京，被聘为中央文史研究馆馆员。1957年"反右运动"时，返回香港定居。

据《黄居素口述黄宾虹年谱资料》记载，1928年，黄居素聘请黄宾虹到神州国光社美术部工作，编辑出版了《美术丛书》《神州大观集》《神州大观续集》，以及大量的珂罗版画册。黄居素1932年定居香港之后，除自己大量收藏黄宾虹画作之外，也于朋友之间极力推荐黄宾虹作品，黄宾虹虽作画从不计报酬，但也因此使得窘迫的生计得以改观。《黄宾虹书信集》中，致黄居素的信件就有48封。1935年黄宾虹在广西讲学之后赴香港，就下榻于黄居素寓所，并由黄居素陪同登太平山顶写生，作画多幅。黄宾虹迁居北平后，家国多难，生活困顿，幸好还有黄居素等人时而购画，可解不时之急。黄宾虹致黄居素函中亦称自是"不欲草草以报知音"，每幅画作无不精益严谨。

1940年3月30日，汪精卫"中华民国国民政府"在南京成立，汪伪政权公开沦为日本侵华的工具。国家的不幸让黄宾虹痛心，而汪采白病卒，则让黄宾虹闻耗更加大恸，题"云海英光"挽之。

汪采白5岁就师事黄宾虹学古文和绘画，其祖父就是黄宾虹的业师汪宗沂。

《山水》

汪采白所画黄山青山绿水，清新明快，胡适赞其"胆大而笔细，有剪裁而夸张，是中国现代画史上的一种有意义的尝试"。汪采白的黄山山水画曾参加1936年巴黎画展，获得一等奖。日寇占领华北期间，汪采白作《风柳鸣蝉图》以抒心意（鸣蝉在古人眼里是高洁的象征）。画作展出后被法国公使订购。一日本商人愿出巨款，要汪采白再画一幅，被拒绝，曰"我非机器也"。

一天，黄宾虹带着一幅古画与同居北平的歙县老乡画家汪慎生送他的一条狗出门，路上横遭无赖打劫，反被扭送至巡警处拘留到半夜，狗被牵走，古画也下落不明。黄宾虹曾有一首《失犬诗》："热中邻鸡攘，媚外功狗助。"表达了自己的愤怒。

1941年冬日的一天，黄宾虹突然被日军拘捕。黄宾虹年谱中没有记载被拘押的原委，只是"幸未拘押过夜，审问时间则甚长，以年

陈春帆　《家庆图》

高仅得面包两枚充饥,旋即释放回家"。黄宾虹回家后愤而画了一幅梅花,并且题诗:"烟云富贵,铁石心肠。耐此岁寒,以扬国光。"

画梅花枝繁花盛的王冕,老树虬干三朵两朵的八大山人,浓淡墨迹随意写之的"扬州八怪"金农、汪士慎、高翔——梅花枝头的扬州,范成大编撰的一册《梅谱》里,有多少品类的梅花岁岁绽开在扬州?我们还应该记住,一位年近八旬的老人,在北平西城石驸马后宅七号"竹北簃"居室,画了一幅满纸愤懑的梅花。

国难当头,思亲怀乡之情更甚,为了慰藉自己,黄宾虹在几十年不曾离身的那幅《家庆图》上题诗一首:"……屈指明正我八旬,絮谈哀乐忆前尘。陈翁留驻韶华笔,六十六年图画新。"

《家庆图》是1878年,黄宾虹父亲五十寿辰时,父亲请画家陈春帆所作的"全家福"。黄宾虹视之为传家宝,一直随身珍藏着,而且每年春节都要在家中悬挂。

《家庆图》描绘了一个家境殷实、耕读传世的和睦家庭。画面中,黄宾虹和一弟弟手持一展开的画卷相依站着,旁边是坐着的父亲,他们身后有一丛修竹,母亲和两个妹妹在庭院洞窗后只露出上半身,还有两个弟弟靠墙站着,画面左侧有山石古松,画面弥漫着温馨的家庭气息,好似一场小雨后的阳光斜照。《家庆图》给人印象就好似一张重新翻拍过的黑白老照片,泛着古旧黯淡的灰褐色。半个多世纪的时间过去了,现在看画面上的一张张脸,似乎都有着近乎梦幻的表情,适宜被后人珍藏的表情。

八十寿辰

1943 年，按照农历，黄宾虹就 80 虚岁了，一个在 1865 年 1 月 27 日，农历正月初一的爆竹声中降生的婴儿，已经进入耄耋之年。

长黄宾虹一岁，在中国画界和黄宾虹有着"南黄北齐"之称的齐白石，送来贺礼《蟠桃图》。想必这幅《蟠桃图》所画寿桃又大又红，齐白石一定是多用了曙红。

文学家、画家瞿兑之，曾任民国教育总长、故宫博物院图书馆馆长的傅沅叔，以及郭啸麓等人联名发来请柬："设宴北海，为黄宾虹君祝贺八十寿。"

书画家黄公渚，与张大千有"南张北溥"之誉的溥心畬，曾与陈师曾创立北京美术专门学校的篆刻家寿石工等，则在东四二条蛰园摆宴为黄宾虹贺寿。

《山水》（局部）

北平艺专的日本"辅佐官"伊东哲,想以学校师生的名义为黄宾虹举办"庆寿会",黄宾虹自然是坚决拒绝。"庆寿会"最后还是开了,但却成了一个没有寿星的祝寿仪式。

傅雷和黄宾虹的旧友,商务印书馆的张元济、陈叔通等人发起,在上海举办《黄宾虹先生八秩书画展》。从1942年8月起,黄宾虹将先后为画展创作的画作寄来上海。

黄宾虹与傅雷曾经同在上海美术专科学校任教。黄宾虹的女弟子顾飞是傅雷的表妹,黄宾虹在给顾飞的信中阐述的画学理论,以及他送给顾飞画作中表现出的笔墨功力和不同一般的气韵,都使傅雷钦佩不已。傅雷与黄宾虹直接书信往来中,二人谈书论画,视为同道。

黄宾虹致信傅雷:

> 旅沪三十年,而游山之日居多,未尝一日之间断于画,自信好之之笃耳。然观古名画,必勾其丘壑轮廓,至于设色法,不甚留意。当游山时,途中焱轮之迅,即以勾古画法为之,写其实景。因悟有古人之法,以写实而得实之虚;否则实而又实,非窒凝阻隔不可。由此每年所积临古写实两种画稿,已不止于三担,从不示人。

黄宾虹建议,为了节约开支,全部作品衬托以后,粘贴在牛皮纸上,首尾两端以芦梗代木轴,以便悬挂。在给上海友人交代后,又有信说:

《山水》

黄宾虹作品

再者：拙画拟少裱；或用纸卷粘贴，易于收展携带。近来裱工奇昂，鄙意希研究画学者参观，不限售出之多寡。令亲傅先生为知音，拙作之至交，一切可与就商，以不标榜为要，是否有合？

对黄宾虹这一时期的画作，傅雷称："墨色之妙，直追襄阳、房山，而青绿之生动多逸趣。"

襄阳就是宋代米芾，和儿子米友仁同被后人誉为"米家山水"；房山则是元代高克恭，人称"近代丹青谁自豪，南有赵魏北有高"。说的就是高克恭和赵孟頫。有说积墨法起于米芾，至高克恭，技法已渐趋成熟，至龚贤，已运用得老练精到，而黄宾虹以宿墨积之，更是别具匠心。

傅雷还说到一个有趣的现象，黄宾虹的画作才寄到，他方一展卷，上面的石青、石绿颜色就纷纷脱落。可见黄宾虹此时画作色彩浓厚深邃的一面。

黄宾虹对明代画家沈周题"元四家"赵孟頫《重江叠嶂卷》中"丹青隐墨墨隐水"这句话颇有感慨，也像是受到西方印象派的启发，黄宾虹意欲将中国山水画水墨与青绿进行融合。后来，黄宾虹居杭州时所作的一些山水画中，亦有仿佛自然渗透出来的西湖、栖霞岭的青绿色调。

曾任北京大学图书馆馆长及故宫博物院古物馆馆长的徐鸿宝，在一本书的序言中说："黄宾虹晚年，水墨作法加浅绛、青绿，欲与油画冶于一炉，不守成规，敢于创造。"

曾任北洋政府司法部部长，后为清华研究院导师的林志钧题《歙县黄宾虹画集》谓："宾虹晚年画卷即用油画法。喜用青绿与浓墨相衬托，弥见光彩。"林志钧在黄宾虹92岁所作一幅山水画上题识：

> 宾虹先生早年画作多作浅绛山水，山峦错落，不以突兀峻拔取胜；七十以后，作风一变，浓墨巨幛如积铁。米老《画史》谓范宽晚年用墨，多土石不分，殆为似之。茅康伯《绘妙》云，"范宽之墨，远望不离座外"。以是知水墨可与油画相通者。油画宜远观，范宽用墨，土石不分，亦惟远而望之，乃得其趣耳。

曾经参加过戊戌维新运动、反袁斗争，新中国成立后任人大副委员长、政协副主席的陈叔通在《黄宾虹先生年谱序》中说："晚年多作阴面山，状氤氲难写之景，杂以赭、绿，层层加染，脉络仍复分明，正如范宽用墨亦远望，论者谓已融水墨与油画于一炉。余曾与宾虹论及之，微笑未作答，或已默匙余言，是诚翻陈出新，古为今用创格，有待来者继承其绪，发扬光大。"

上述所言，也就是黄宾虹的所谓"水墨丹青合体"。

黄宾虹作品

中国青绿山水画可谓传统久远，北宋、南宋、王希孟、赵伯驹、赵伯骕一派青绿；往前数，唐代李思训、李昭道青绿一片；再往前，展子虔正在《游春图》的河边洗着沾满青绿重彩的毛笔；那不妨再往后看，元代、明代、清代，钱选、仇英、王鉴一脉青绿——如果从山重水复的青绿中跑出一匹马来，估计也是青绿马？只有青骢马，没有青绿马，真要有，那是《山海经》里长翅膀的飞马——《山海经》里有吗？

1943年11月，《黄宾虹先生八秩书画展》在上海西藏路宁波旅沪同乡会开幕，同时还印制了《黄宾虹山水画册》及特刊，遥祝黄宾虹八十寿诞。展品除画家近年画作山水、花卉及金石楹联等外，历年为友人所作画件，作为非卖品陈列，以作观赏。这是黄宾虹生平第一次举办个人书画展，显示了其创作的主要风貌。展览前面，由黄宾虹撰写了《八十感言》："……八十学无成，秉烛心未已。云山事卧游，纂述接遐轨。夙昔此微尚，藏箧不弃委。金华予季居，丘壑颇清美……"

傅雷写了《观画答客问》长文，全面而系统论述了黄宾虹的美术创作：

> 常人专尊一家，故形貌常同。黄氏兼采众长，已入画境，故家数无穷。常人足不出百里，日夕与古人一派一家相守，故一丘一壑，纯若七宝楼台，或竟似益智图戏，东捡一山，西取一水，拼凑成幅。黄公则游山访古，阅数十寒暑，烟云雾霭，缭绕胸际；造化神奇，纳于腕底。故放笔为之，或收千里

于咫尺，或图一隅为巨幛；或写暮霭，或状雨景；或咏春潮之明媚，或吟西山之秋爽；阴晴昼晦，随时而异；冲淡恬适，沉郁慷慨，因情而变。画面之不同，结构之多方，乃为不得不至之结果。

关于黄宾虹山水画的"艰涩"，傅雷引用了元代汤垕《画论》中的名言："看画如看美人，其风神骨相，有在肌肤之外者。今人看古迹，必先求形似，次及傅染，次及事实，殊非鉴赏之法。"

黄宾虹研究专家王中秀说：

研究黄宾虹现在还没有一个人能够超越傅雷的，没有一个人！傅雷真了不起！尽管我们知道他是一个大翻译家，实际上他最早并不是翻译家，他是美术评论家。傅雷眼光非常尖锐、敏感。但是新中国成立以后，文艺方针一下子改变，向苏联一边倒，黄宾虹中断了。还有后来他眼睛不好，那时候几乎就像野兽派一样了。

黄宾虹离经叛道的笔墨，亦如被推崇为西方"现代绘画之父"的法国画家塞尚，曾经不无苍凉地说过："品味是最好的判断。它极为罕有。艺术只向为数极少的一撮人介绍自己。"

黄宾虹在写给女弟子朱砚英的手札中，好似异乡陌路遇故人一样，充满感情地评价傅雷的《观画答客问》：

鄙人慨画学少人研究，已二百余年矣。今得渠所论画，颇有见解，以为知己。

展览会结束后，傅雷致书黄宾虹：

此次展览，无论在品质方面、出售方面，均为历来画会所未有，可见吾公绝艺尚有识者，不独为先生贺，并足为艺坛前途庆。

以画作书，以书作画

黄宾虹对自己的笔墨是自信而自足的，他说："拙画勾勒如枯藤，点叶如坠石，布白如虫啮木，皆宋元画家用笔，得书家之旨。明清两代已失其传，故真赏鉴者能知之。学画者悟此即可成家矣。"

王羲之少年时期的书法老师卫夫人有《笔阵图》："'点'似高山之坠石，'竖'如万岁之枯藤……"

黄宾虹可谓深谙此道："作画全在用笔下苦功，力能压得住纸而后力透纸背。"再想想八大山人、赵之谦、吴昌硕、齐白石诸人，哪一

《花卉》

位不是金石篆刻书法诸艺皆佳？

在黄宾虹的内心世界里，金石学是振兴中国绘画的一剂良药。他说："鄙见国画墨法，自道咸中金石学盛，超出启祯名家兼皴带染之技，由师古人而师造化。"

金是指钟、鼎、彝、鬲等铜器，石是指碑碣、墓志、造像等刻石以及瓦当。正是古器物上那些象形文字、图纹，尤其是篆、隶，使黄宾虹参悟了书画笔墨诸法之间的相互关系。他笔墨中蕴含的那种金石气，那种斩钉截铁的碑刻味道，力能扛鼎的气息全部发散出来了。

黄宾虹有一段与陈柱尊谈书画的文字，尤能表达他关于书画的笔墨之道：

> 吾尝以山水作字，而以字作画。凡山，其力无不下压，而气莫不上宣，故《说文》曰："山，宣也。"吾以此为字之努；笔欲下而气转向上，故能无垂不缩。凡水，虽黄河从天而下，其流百曲，其势亦莫不准于乎，故《说文》曰："水，准也。"吾以此为字之勒；运笔欲圆，而出笔欲平，故逆入平出。凡山，一连三峰或五峰，其气莫不左右相顾。牝牡相得；凡山之石，其左者莫不皆右，右者莫不皆左。凡水，其波浪起伏无不齐，而风之所激，则时或不齐。吾以此知字之布白，当有顾盼，当有趋向，当寓齐于齐，寓齐于不齐。凡画山，其转折处，欲其圆而气厚也，故吾以怀素草书"折钗股"之法行之。凡画山，其相背处，欲其阴阳之明也，故吾以蔡中郎八分飞白之法行之。凡画山，有屋有桥，欲其体正而意贞也，故吾以颜鲁公书如"锥画沙"之法行之。凡画山，其远树如点苔，欲其浑而沉也，故吾以颜鲁公书如"印印泥"之法行之。凡画山，山上必有云，欲其流行自在无滞相也，故吾以钟鼎大

《篆书对联》

篆之法行之。凡画山，山下必有水，欲其波之整而理之，故吾以斯翁小篆之法行之。凡画山，山中必有隐者，或相语，或独哦，欲其声之可闻而不可闻也，故吾以六书会意之法行之。凡画山，山中必有屋，屋中必有人，屋中之人，欲其不可见而可见也，故吾以六法象形之法行之。凡画山，不必真似山；凡画水，不必真似水。欲其察而可识，视而见意也，故吾以六书指意之法行之。"

说到底，所谓绘画笔墨如果没有书法支撑，就是空中楼阁，只有把书画这个契合点掌握了，才可以说是把中国绘画的精神把握了。

法归于道，道归于一。

"以画作书，以书作画。"是不是可以这样认为，黄宾虹站在中国书画群峰之巅，极为概括精辟地说出了这样一句话："书学、画学并于大道中驱驰。"

古都北平布满阴霾的天空下，黄宾虹的心里总还有那么一角晴空，是留给自己的。

一日，黄宾虹途经长安街，亲眼看见刺目的太阳旗下面，日本军人列队于新华门前耀武扬威的场景，愤而回家作《黍离图》，题诗曰："太虚蠓蠛几经过，瞥眼桑田海又波；玉黍离离旧宫阙，不堪斜照伴铜驼。"黄宾虹借《诗经·黍离》反映周平王东迁后，故都镐京人看见宫苑废墟上禾黍茂盛，而触景生情。黄宾虹意在凭借此诗此画，消解自己胸中的郁闷之情。

黄宾虹在给朋友的信中写道："近读黄石斋（明末遗民书法家、理学家黄道周）诗，卧对宋人山水，不无有感，粤桂荆楚诸山，何日可得共游？仆虽衰老，青山则无衰老可忧，以此为喜。"

读到"青山则无衰老可忧"这句时，可以明显感受到了一个80岁老人颇有几分悲壮的语气，就像是京剧老生名角马连良唱到悲怆时那一声拉长了音的"啊……"

1945年8月15日，日本投降了。黄宾虹抑制不住内心的喜悦，用他写信给亲朋好友的话就是"自难笔墨形容""无异脱阶下之囚"。他连日作画赋诗，并且自刻"冰上鸿飞馆"印，寓"宾虹获自由得以南返"之意。

不知黄宾虹亲眼看到过北方的黄河没有。这是一条中华民族的母亲河，中国人苦难与复兴象征的河。黄宾虹画了一幅两米长

《黍离图》　　　　黄宾虹书信

的大画：《黄河冰封图》，寓意国家所遭受的苦难。恰逢日本投降抗战胜利，黄宾虹兴奋异常，说："黄河解冻，来日再写黄河清。"

老人这句话的声音，应该放大，再放大，真希望能被黄河壶口瀑布震耳欲聋的声音放大，因为这是足以代表一个民族的声音啊。

黄宾虹依然是每星期拄着拐杖来上课。还有一个拄着拐杖来上课的老人就是齐白石。这两位老人踽踽而行的背影，也成了当年北平艺专学校内一道别有情趣的风景。

《黄河冰封图》

北平故都文物研究会成立，黄宾虹与齐白石出席成立典礼并合影。研究会邀任美术馆馆长，他不就任。

1946年11月，黄宾虹的数幅山水画和北平一些画家的画作附于北平故都文物研究所举办的"齐白石、溥心畬画展"，在南京、上海展出。

对于齐白石，稍有书画知识的人都知道，他是中国的一位大画家，这些年更像人人都喜欢的人民币一样。一窝蜂的全民文物书画热，让老百姓也熟悉了这位拍卖会上动辄千万甚至过亿元的白胡子老头的鱼虾虫草。

溥心畬为清恭亲王奕䜣之孙，曾留学德国获双博士学位，画工山水，兼擅人物、花卉及书法，与张大千有"南张北溥"之誉，与吴湖帆并称"南吴北溥"。溥仪在伪满洲国当皇帝，溥心畬以一篇名曰

1947年冬，黄宾虹与北平艺术界同人合影。前排左四为齐白石，左五为黄宾虹

《臣篇》的文章，痛斥溥仪"九庙不立，宗社不续，祭非其鬼，奉非其朔"。骂这位堂弟"作嫔异门，为鬼他族"。

在媒体对"齐白石、溥心畬画展"热热闹闹的赞扬声中，当时的上海美术馆筹备主任施翀鹏，观看展览后发表批评文章《略有瑕疵的黄宾虹》：

> 他的作品，擅长山水，过去在《申报》发表了很多纪游画，三峡、峨眉、桂林的独秀峰等等，在我的脑海里印象很深。不过，他的山水，自居"文人画"，题款跋语，大多传北苑、文、董等一脉，长处是丘壑很多，章法极有变化，就是皴法太乱，层次不很清楚，用笔很有书法意味，而魄力太小，用笔软弱，支离破碎。盖山水画中，树木等于人的眉目，假定眉目糊涂，这个人便没有精神，甚至不像一个人！这点，不知黄宾虹自己的理论是怎样？最近他还在北平，这次附在

《夜山图意》

齐白石画展中的几幅山水，更觉一团漆黑，毫无层次。我真不懂宾虹先生为何有如此作风？看看他的跋语，还是有本有源，北苑、思翁，难道北苑、思翁也有这种漆黑一团的作品吗？尝见两宋人画，虽然颜色浓重很多，但是层次总是分得很清楚，宾虹先生的画却一点层次都没有（他的笔倒不重，浓而不重，然已乏味了），实在有些奇怪！许多老画家，主观很深，自己享了大名，绝不肯精益求精，总自以为是，牢不可破，整个中国绘画的没有进步，原因也许就在于此。

作为专业美术人士的质疑，这不能说是别有用心，只能说是审美趣味的差异。其实，纵观西方现代美术史，也是多有此例。

多年的积累和丰厚的学养，黄宾虹在美术史学、金石学等方面的综合成就得到了学界的一致认可，但是，他那些恣意纵横，点画交错，层层加笔如急风疾雨，无迹可寻，画面厚重沉实，不重形似甚至半抽象的笔墨，依然不被当时的艺术界所理解和接受。

黄宾虹研究专家王中秀说："黄宾虹在那里一直被称为鉴定家，因为当时琉璃厂对他特别推崇，因为他是鉴定古今画，是鉴定家，是学者，很少讲他是画家。所以在那里也有一种格格不入。"

黄宾虹有着自己的坚持："笔墨是中国绘画独特的语言，放弃对笔墨的追求，就是放弃中国画的精神内涵。"

黄宾虹甚至感慨地预言，他的绘画要过50年才能被人们所认识。当然，我们今天可以说他的话应验了。但是在当时，艺术上的隔阂，使黄宾虹在北平倍感孤独。他想到了老家歙县西乡潭渡村，想到了老家那块状如灵芝的大石头，甚至想到了父亲那间制作徽墨的作坊，当年制作一种"焦墨"所散发出来的难闻的味道，如今想来也是温馨的。好墨配好画，比温馨还要热乎。

黄宾虹知道："画贵神似，不取貌似，非不求貌肖也，惟貌似尚易，神似尤难。"他更明白："东坡云作画以形似，见与儿童邻，非谓不当形似，言徒取形似者，犹是儿童之见，必于形似之外得其神似，乃入鉴赏。"不管隔壁有没有幼儿园，还是回老家，至少有黄山那么高那么大的石头可以作邻居。

　　上千年偌大的古都，黄宾虹倒像是件文物，已经褪了色的蓝布大褂后面有些空荡的身体，承载着诗词音乐、画史画论、史学经学、钟鼎纹饰、金石文字等文化遗产，适宜怀旧。

　　黄宾虹只想有一个清静之地，吟诗作画、安度余生。

第七章 成一家法 传无尽灯

黄宾虹是一个大器晚成的中国画家、当代中国画的大师，他有中国近现代绘画的精华，保留得非常完整，同时在现代绘画，在中国绘画的传统形态，在语言技法变化的过程中，达到了一个相当高的境界。对他的艺术成就，无论怎样讲，对我们后者的启发、影响，和对美术史的意义，都是无可估量的。

杭州栖霞岭

1948年初夏黄宾虹收到了国立杭州艺专学校聘请他担任国画系教授的信。并且说明，只需挂名，可以不问教务。

今天看来，真要感谢杭州艺专的聘请，黄宾虹传世的精品大都在1948年之后。

黄宾虹决定尽快动身。当北平艺专的校长徐悲鸿前来挽留他时，黄宾虹开玩笑地说："如果你能在帅府园挖出个西湖来，我就留下。"

1948年7月23日，黄宾虹携家人离开了北平。他计划先飞上海，再转杭州。随身所带仅两样行李，一捆约十幅最珍爱的古画，一袋近千方古印。临行前几天，徐悲鸿等前来送行，黄宾虹刚画完一块巨石，徐悲鸿提笔在画纸的石头上添加了一只雄鹰，作为临别纪念。

上海，这座黄宾虹生活了三十来年的城市，就连空气中摩登的味道他都是熟悉的。

黄宾虹伏案绘画

《萱草甲虫》（局部）

沪上画家在大观社举行欢迎会，中国画会理事孙雪泥致辞之后，最后请黄宾虹讲讲养生之道。谈笑风生的黄宾虹畅谈最高的养生方法是艺术，有两种长生："一种是个人的生命，一种是民族与国家的生命。个人的生命长短，无足轻重。所谓长生者，应注意于国族的生命。"

黄宾虹回到杭州，结束了北平十来年的蛰居生活。

杭州艺专安排黄宾虹居住在栖霞岭。此地自古乃名人雅士理想的居住之

1948年秋，黄宾虹南下摄于上海大观园欢迎会会所。左起孙福熙、许士骐、黄宾虹、俞剑华

1948年秋，黄宾虹南下与沪上友人合影。前排左起：钱君匋、邓散木、黄宾虹、江振华、白蕉

地，黄宾虹艺术生命的最后七年，也就是他艺术成就的巅峰时期，都是在栖霞岭度过的。栖霞岭在葛岭西面、岳王庙的后面，相传岭上旧时多桃花，到了春日桃花盛开，犹如满岭彩霞，故称栖霞岭。

保俶如美女，雷峰似老衲，六和如将军。这话不假，杭州史有大名的红颜多得还用数吗？苏小小、秋瑾等等，不一而足；而名僧不说远的，近代我们熟知的就有苏曼殊、弘一法师等等；至于抗金元帅岳飞、活捉了金国大元帅兀术后大笑而逝的将军牛皋，他们刀刃一样锋利且不会生锈的灵魂，依然须臾不离地护佑着生活在这块风水宝地上的人们。

第七章　成一家法　传无尽灯

保俶塔、雷峰塔、六和塔 —— 都掩映在黄宾虹风骨嶙峋、一层一层叠加的墨色厚重深邃的山石林木后面了——雷峰塔早就倒塌了，倒塌就倒塌吧，不是还有白娘子还有许仙吗？女白娘子男许仙，过了断桥就去过"柴扉日暮随风掩，落尽闲花不见人"的小日子去吧。那也是我们凡夫俗子羡慕的好日子。

黄宾虹在一幅《栖霞岭南居图》上题："西湖栖霞岭旧有桃花溪，今已烟塞，筑为园居，余休息其中。"

黄宾虹苍厚老辣、气势压人的笔墨，被潘天寿叹为创五百年积墨之大成。新中国成立初，因中国画不太受重视，同在杭州艺专任教的潘天寿有一段时间十分苦闷，常去黄宾虹家和他聊天看他作画。两位同在上海美专授课的老朋友又可以谈天说地互相欣赏了 —— 潘天寿曾经称誉黄宾虹："写其游历之晓山、晚山、夜山与雨后初晴之阴山，使满纸乌黑如旧拓三老碑版，不堪向迩。然远视之，则峰峦荫翳，林木荟郁，淋漓磅礴，绚烂纷披，层次分明，万象毕现，只觉青翠与遥天相接，水光与云气交辉，杳然深远，无所抵止。"—— 两位老朋友应该合作有这么一幅画，黄宾虹浓笔重墨的山石上，栖落着一只潘天寿的苍鹰，亦如潘天寿那枚专门用于鹰图的"一味霸悍"的印章，体现出一种阳刚大气之美。

黄宾虹研究专家王中秀说："黄宾虹开始住的19号，他儿子也在那里，很挤的。那时候处境也不是太好。潘天寿也不好，因为画中国画的人当时都不好，觉得不需要了，也

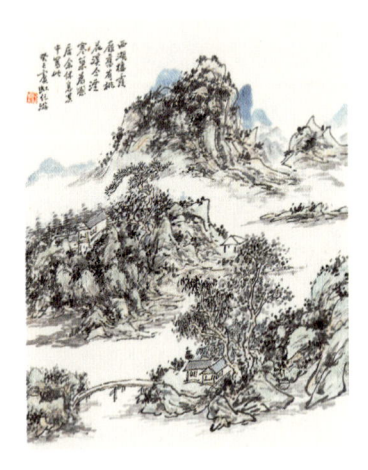

《栖霞岭南居图》

不叫他们上课，潘天寿到乡下写生去了，画《送公粮》去了。黄宾虹在家里没有事干，而且当时的一个根本问题是中国画到底要不要保存，所以黄宾虹家里人就叫他不要画，不要惹事。黄宾虹感觉，中国画不需要了，中国画要取消了。

几个朋友中，对黄宾虹晚年生活影响较大的，一个是李济深，当时是国家副主席；还有一个何香凝，对黄宾虹包括生活上都一直是关心的。李济深专门跟有关部门打招呼，就是讲要关心老画家，所以1951年给他换了一个大些的房子。"

《栖霞岭下旧有桃花溪》

黄宾虹在杭州美术界举办的茶会上做了题为《国画之民学》的演讲：

> 君学重外表，在于迎合人；民学重在精神，在于发挥自己。所以君学的美术，只求外表整齐好看，民学则在骨子里求精神和个性的美……就文字来说，大篆外表不齐，而骨子里有精神，齐在骨子里。自秦始皇以后，一变为小篆，外表齐了，却失掉了骨子里的精神。西汉无波隶，外表也不齐，却有一种内在的美。经王莽后，东汉时改成有波隶，又只讲外表的整齐。到了魏晋、六朝，六朝字外表不求整齐，所以字美；唐以后又一变而为整齐的外貌了。根据此等变化，正可看出君学民学的分别……黄宾虹在演讲的最后还充满激情地说："站起来，发扬我们的民族精神，向世界伸开臂膀，准备着和任何来者握手！"

1948年，黄宾虹与马寅初等人合影于杭州灵隐寺。右起第一人为马寅初，右起第三人为黄宾虹

　　黄宾虹这一时期的画作有一幅《太湖怀古》，以近景的平远与远景的深远为狭长竖式构图，湖水从上到下蜿蜒曲折地贯穿整幅画面，树木虬曲苍劲、茂密繁盛，屋舍错落掩映其间，一屋舍内两人对坐，我愿意相信他们是在诵读唐代诗人王昌龄的那首《太湖秋夕》："水宿烟雨寒，洞庭霜落微。月明移舟去，夜静梦魂归。暗觉海风度，萧萧闻雁飞。"画面上远景层峦叠嶂，淡墨写就缥缈的远山，山川湖水之间大片留白，渔舟点缀其中，极大地拓展了画面的空间深度，虽然层层积墨，但是赋色简淡，仍显清逸。

　　画上题识亦为黄宾虹作品中少见的怀古之作：

　　　　余游太湖访范蠡遗迹，史称其用越人计然策之五而越霸，于家三致千金，时最豪富，三万六千顷中烟波浩渺，今仅见数叶渔舟浮沉巨浪,图此以兴怀古之思。丁亥,八十四叟宾虹画并题。

范蠡,春秋末年越国谋臣,用"美人计"助越王勾践灭吴而成就霸业。功成名就后,急流勇退,携有沉鱼落雁之容的西施归隐太湖,三次经商皆取得成功,成为富甲天下的巨贾,自称陶朱公,后世遂将富可敌国称为"陶朱之富"。

黄宾虹在另一幅《题画太湖山水》中则写道:"太湖三万六千顷,奇峭广博,收入囊中,偶写其大略耳。"

1949年5月3日,杭州提前进入了新中国时期,黄宾虹兴致勃勃地画了一幅家乡《潭渡村图》。潭渡桥南那座宾虹亭还在吗?在不在都要信笔勾描上,群鸦依然栖在古树枝头,细数数,少了几只还是多了几只?云朵飘走了还要飘回来,飘回来等着他的笔墨,假设此刻随便从哪间房舍里走出一个不管清代还是民国的人来,肯定是依然年轻。山水不老,和家乡山水同在的人不老。

画上有题诗:"丰溪萦带黄潭上,德泽棠阴载口碑。瞻望东山云再出,万方草木雨华滋。"

黄宾虹也许还想起了自己当年被推举为家族"文会"主事兼黄氏族董,牵头创办潭渡小学的一些陈年旧事吧?画面上一笔一笔无不渗透了一个老人年轻时的快乐。

《富春山色图》

《太湖怀古》

第七章 成一家法 传无尽灯

黄宾虹画过一幅《富春山色图》，是赠给栖霞岭老农民余炳如的，款识："观宋人长夏江寺卷，以富春山色写之。炳如先生一笑。庚辰，八十七叟宾虹。"

余炳如，住在栖霞岭半山间，略识文字，喜爱绘画。因慕黄宾虹名而结识，常来叙谈农事及地方情况，有时送点自家地里长的瓜豆之类，黄宾虹有时托他代寄邮件等，后来还请其代取汇款。

黄宾虹1952年近90岁时还画过一幅《松柏同春图》，为余炳如祝寿。

栖霞岭成为黄宾虹晚年最爱画的题材。他还常去葛岭、孤山、玉泉、六桥、灵隐、西溪等处写生。

老了的黄宾虹自有古曲《潇湘水云》一样的心 —— 潇湘也好西湖也罢，"水云"落在纸上，就是一幅幅水墨酣畅的画作和波起云涌的题诗。

《题西湖山水》："栖霞岭下旧有桃花溪，今涧路略辨，写此。癸巳，宾虹九十。"

1954年秋的黄宾虹

《题湖山烟雨图》:"湖山烟雨中,拥书万卷,习诵余闲,漫兴写此,癸巳,宾虹年九十。"

《题西泠写景图》:"春江欲入户,雨势来不已。小屋如渔舟,溟濛水云里。癸巳,宾虹年九十写于西泠。"

《题西湖山水》:"夜雨添新涨,数帆江上飞。湿云寒不动,空翠欲沾衣。栖霞岭晓望。癸巳,宾虹年九十。"

……

黄宾虹所画《栖霞岭》,采用俯瞰角度,好似航拍镜头一般,山低、水阔、树密,画家像是要把眼睛所见的山水全都揽入怀中,可以看见一棵树上的红,那是画家刻意安排生长在那棵树上的红,画家是这片山水的园丁和看护者,他有权利命令这一切,包括季节的繁茂和凋落。

黄宾虹还画有一幅《栖霞岭小卷》,水墨设色,远近奇峰数座,云雾缭绕其中,茅屋长廊,湖边古树,堤上杨柳,点景人物形态多姿生动,有舟游者,有抱琴者——忽然想起魏晋人阮籍"嗜酒能啸,善弹琴。当其得意,忽忘形骸。"所谓"忘形骸",就是连自己的身体都不要了——阮籍是从云朵后面走过来的,一眨眼他又走到云朵后面去了。黄宾虹则是让自己藏在这幅画的深处,只是我们看不见他而已。

《栖霞岭小卷》有黄宾虹题字:"未遂栖云愿,聊为猎胜游,桃开霞晕紫,不见钓鱼舟。戊子秋日,八十五叟宾虹重题。"

此画引首为溥心畬所题:"隐雾栖霞,心题。"溥心畬曾在杭州西湖长桥边居住,与黄宾虹所居的栖霞岭隔湖相望。

1948年南返,黄宾虹寓居西湖栖霞岭。这是他在西湖写生

黄宾虹在作画，立者为宋若婴

黄宾虹《题西湖山水轴》有句："黄山归客滞西湖，喜有芳邻德不孤。"

好邻居赛亲戚这句话绝对没错。黄宾虹和雕塑家程曼叔、古琴收藏家孙慕唐为邻，诗书琴画样样不缺，可物质生活的匮乏还是显而易见的。领导来家中探望，见黄宾虹穿着一件几乎掉光了毛的皮袍。有关部门决定送一件好点的皮袍给黄宾虹。可当时整个杭州市无售，这事不知怎么让时任戏曲家协会浙江分会主席的京剧艺术家盖叫天知道了，他慷慨拿出一件皮袍相送。当有关领导将这件皮袍送到黄宾虹家时，宋若婴讲了句实在话："我们家最缺的倒不是皮袍，而是柴米油盐。"

一个百废待兴的国家，困难是常见的。

以神遇而不以目视

晚年的黄宾虹，因患白内障双目视力急剧下降，右目几近失明，但他仍然每天作画。似乎他的外在视力越弱，内在视力反而越澄明、越自主，胸中意象也越强盛，越"绝似又绝不似于物象"。浓重黝黑、繁而不乱的笔墨，在一片狼藉之中，更是显得尤为不俗。他画上的题字也是大小悬殊，有时把两三个字重叠写在一起，字迹杂乱模糊，有些几乎不可辨认，但他仍坚持借助放大镜在纸上摸索作画。他对客人说："古来音乐家有耳聋不闻锣声音，犹调琴不辍，何况我的眼睛还有光亮，怎么可以不动笔？"

让人想起法国印象派画家莫奈，他在给朋友的信中诉说道："我可怜的视力使我看任何东西都全然模糊不清。我喜欢原来非常美的依然能是这样的美。总之，我是非常的不幸。"莫奈只得凭颜料管上的字来区别颜色，作画时要把眼睛凑得很近。晚年只画睡莲的莫奈，风中睡莲，雨中

黄宾虹像

《花卉翠鸟》（局部）

第七章　成一家法　传无尽灯

睡莲，曦光中的睡莲，夕辉中的睡莲。我们似乎看见被一朵睡莲遮蔽了面部的莫奈，坚持不懈一年四季踯躅于睡莲叶片上一滴水珠的反光中，仿佛一位痴迷于研究钟表零件后面隐藏的滴滴答答时间的老钟表匠。莫奈临终前嘱咐把他的《睡莲》赠送给国家。安放在奥朗热利的椭圆形博物馆内的《睡莲》，被后人称为"印象派的西斯庭教堂"。

还有法国印象派画家德加，也是患有白内障，对于一个画家来说，这无疑是一个再沉重不过的打击。但是，德加笔下的《芭蕾舞演员》等一系列晚年作品，反而表现出了更加色彩纷呈的一面。

早于达尔文诞生之前，就在生物学科奠基巨著《动物学哲学》里，提出生物进化学说的法国生物学家拉马克，对着放大镜痛哭流涕，他的盲等同于贝多芬的聋。双目失明后，拉马克的著作都是由他口述、女儿记录整理出版的。

而伟大的贝多芬，聋了也不会妨碍他加冕音乐王国的冠冕。

黄宾虹已经不仅仅是用笔墨在画，而是用心在画。

画家张桐瑀举例说："就像酿酒一样，一瓶好酒虽然看不到粮食，但是可以肯定，这是用粮食酿出来的酒，不是化学勾兑的。至于你还要想找出点什么具体的粮食，那就成本末倒置了。粮食的精华提炼出来之后，酒里面当然是不会再有粮食颗粒的痕迹了。"

黄宾虹还提出，对于中国画的画法，有些可以从烹调上去理会，写意的山水作品好像爆蟮片，要油多、火烈、手快。

黄宾虹每天画完以后，都把画挂起来，第二天拿下来接着再画，一层一层地往上叠加。用他自己的话来说叫作浑厚华滋，大有一股子"待从头，收拾旧山河"的气魄。他的画已经完全祛尽斧凿雕琢之迹，把胸中的丘陵沟壑全都画出来了，颇有一种京剧舞台上大锣大鼓酣畅淋漓的阵势。

画家许江说:"中国人讲,画胸中的丘壑。他首先要有心中的一片山。中国绘画大家都画心中的山水,这并非黄宾虹的特点。那黄宾虹的特点在哪里呢?我个人觉得黄宾虹的特点在于,他心中的那个山水是混沌一片,恍兮恍兮,其中有物,恍兮恍兮,其中有像。他心中的这片山水,不是零散的,不是东一片,西一片的,不是把自己在各个地方看到的山水在心里头做一个勉强的凑合,不是,他始终注意心中的山水那个浑然大气的东西。所以他始终把这个山水看到的东西,他要在心里头连接成一个磅礴大气,有一点像范宽《溪山行旅图》那样波澜雄起的山水,所以浑有一种浑博、宏大的东西。你去看黄宾虹的画,浑然一片,黑密厚重,温润华滋,非常沉厚的一座山,但你仔细看,这个山里头有层次,有结构,有笔墨,有心胸,这样一种博大的气势,浑然的气势,达到中国绘画心中丘壑的一个高地。我们说他是一个了不起伟大的大师,我们说他是超越了一般的中国画的境界,我们说他是把中国传统山水画推

第七章 成一家法 传无尽灯

1948年10月,黄宾虹与浙江省通志馆同仁合影。前排左起金息侯、黄宾虹、章一山、章静轩

到一个高峰，一个非常重要的依据，也正因为这一点。我们这些不是画中国画的画家们，也都能够从他的绘画里头读懂一些东西，这些东西不仅仅是笔墨，不仅仅是章法，而是它的浑然大气的东西，而是他那个不断把心胸里头的感觉，不断叠加，叠加到有一天，达到一种完全黑密、厚重，达到一个沉甸甸的山水，黑云翻墨那样一个非常震撼人心的效果。所以我觉得，他的绘画最重要的一点就是他心中的丘壑，他心中的这一片混沌山水，他心中的这一片'墨团团里黑团团，黑团团里天地宽'这样一个独特的墨色世界，这是他绘画了不起的地方，是对中国传统山水画的出新，达到一个历史高度的地方。"

"到1953年，他眼睛看不见了。看不见了如何画？他必须用最浓最黑的墨来画，而且一笔一笔之间留出白，他就靠黑和白之间强烈的对比，眼睛才能依稀看到变化。实际上是用心在画，但是在画面上留出来就是黑密厚重，黑和白之间那个跳脱的东西，而且非常自由。我个人觉得，这是打开了中国山水画的一片新天地，只有这

《山水》

个时代才会有这种绘画，也只有像黄宾虹这样深入研究了中国传统绘画。他对西方绘画一点不陌生，而且游遍了中国的名山大川，打开了自己的心胸，最后以九十高龄这样一个耄耋老人的伟大心胸，来承受这个世界，做到这样一个山水的创新，达到中国传统山水画的高度。"

黄宾虹和杭州艺专毕业的学生张文俊在自己家里有过一次长谈。张文俊回忆说："老人的画桌不大，好像个书桌。卧室在一间不大的房子里，设一张单人床，周围都是他的画，折叠整齐，把床围在当中，真是名副其实的卧游山水之中。画桌上，水盂很小，当时我想老人用什么洗笔呢？老人说水盂是沾着画画的。真是惜水如金。看不到室内有什么珍贵摆设，想起老人的名字叫黄质，又叫朴存，真是名实相符。黄老的为人、生活朴实无华，老人的画也是如此。黄老取出几幅约四尺六开的册页，笔墨沉雄厚重。黄老说，这几张册页是往年送给朋友的，后来在市面上发现，自己花钱买回来的。黄老心平气和地讲述这段往事，并没有不快之意，使我感到黄

《沽酒还山图》

老的气量，同时又感到他对自己艺术的珍惜。黄老又拿出一幅画，在画上扫了几笔焦墨，使我很吃惊，这不是太不调和，破坏了这幅画吗？黄老说，画是十几年前画的，看着太平淡，所以擦上几笔如漆的焦墨，不是更精神吗？真是不可思议，这就是打破常规，敢于铤而走险。黄老说要经常拿出自己过去的画，再审视一番，当时看不出不足，相隔几十年，就会发现毛病了，要不断改正自己的毛病才能发展，由此可见黄老在艺术上严于律己的精神。黄宾虹很少画大画，我有幸在他画室里看到了一幅五尺大画，满纸乌黑，简直像一块黑板，使我非常震惊。细看黑影照人，令人精神振奋，历代画家，何人有此胆量，有此魄力。这是黄老用积墨法完成的代表作，我从墙上取下

《山水》

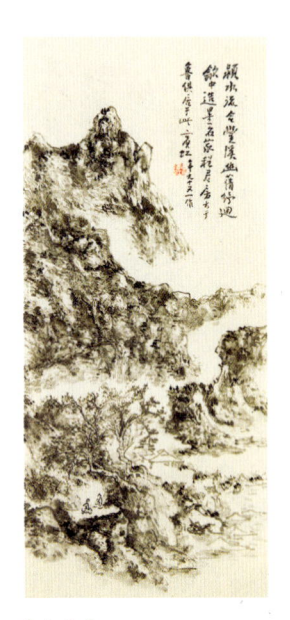

《山水》

《山水》

来，用手摇一摇，好像铁皮一样发出了金属之声。黄老讲，这幅画本是赠给他朋友章伯钧的，怕他欣赏不了，就自己留下了。黄老作画，我行我素，不趋时尚，所以有此胆量，有此杰作，这也与黄老与众不同的性格有关。后来我把这张画的情况告诉了李可染先生，他为之震惊。"

李可染说，他每一次到杭州，都要到黄宾虹先生家里，看他画画，听他用笔。那个笔在纸上走的声音，是可以听出来的。一般人用笔，不会有很大响声的，但是先生用一支秃笔沙沙作响。

关于黄宾虹的画难懂的问题，画家龙瑞说："我想这是没有意思的一个问题。实际上，我们来谈黄宾虹，应该有一个比较客观的，站在当下的语境下，我们国家文化现在走向大发展大繁荣这么一个前提下，再来对黄宾虹进一步阐释和解读，这个'点'是重要的。黄宾虹应该是我们国家近现代代史上最具影响、最有学术高度的这样一个巨匠、一个大家。"

"从这一点来说，中国文化精神，中国文化的一些特征，中国文化的一种形态，在黄宾虹的艺术生涯中，和他的作品中，我觉得是最具有表现力的，也是最全面的。所以说研究黄宾虹，必须要从中国文化大的这种本体精神上来诠释。"

画家卢辅圣说："黄宾虹也不是完全看不清，只是看起来比较模糊，所以他会不准的。我们看到那批画，他那个形象就更加抽象，就是说他大量的都是点线，用那个点线组成的。而那些点线之间，在同一层关系里面，他就靠那个几十年修炼出来的那种感觉在把握。然后在前一层跟后一层之间，他就对不牢了，恰恰是那种对不牢产生了非常大的趣味。我们也发现有不少画他是两面画的，两面画的东西，就是说中国画里面也有一种方式是用两面，主要是起烘托作用，但他不是这样，我估计他是眼睛看不清楚，也许过了一个阶段又把老画翻出来，觉得不够，又加，很多时候是这样加，甚至很多年以后还会加。人家加多了就容易腻掉，就粘在一起，很难看。但他加得再多，从来不腻的，有的只有一遍完成，有的是很多很多遍，有的是相隔很多年，加了很多遍，都是不腻，都是每一个笔墨的单元，每一个笔墨

《歙县前清校武场》 　　《溪亭春晓》 　　《山茶天竹水仙》

《狮山图》

的点画本身都是非常站得住脚的，与此同时，并没有去修饰那个画面形象，他并没有那种意识，所以他会自然而然不假思索地修炼笔墨，就是说他已经把生理功能的自然化修炼成他生命的一部分，他那个生命是自然发散，到了那种程度，做出来特别好。所以在他眼睛不好的时候，恰恰全部发出来了。"

"山水画越走到后来就越不写实，而是走向写意。写意山水尽管有像吴昌硕那种，也有像齐白石的那种，都是写意山水。齐白石的写意山水是用大笔，用画写意花鸟画的方式去画山水，吴昌硕的写意山水也是画花鸟画那样，但更多的是以线条为主，点和面比较少，铺开的东西比较少。黄宾虹不选他们那样，他也是写意，他开始的时候是以工代写的，慢慢到了最能代表他特征的那种山水，又把它还原为感觉。就是说把那种程式化那套方式更加感觉化，所以对西方所谓的印象派、抽象派感兴趣。他自己也认为好的中国画跟他们是相一致的。"

黄宾虹为什么会画得那么黑？一方面是他的主观追求，为了展现笔墨内涵，就要把笔墨形态进行强化，一点一画去加重，加粗；另一方面，那一阶段他的白内障越来越严重，他看见的客观事物，也许在他的意识里并没有那么黑、那么重，收敛了生理性的眼睛，看不清了，神韵反倒更自由了，正如庄子所言："以神遇而不以目视。"他那千变万化狂草一般的笔墨，尤其是那种短粗的线条，初看模模糊糊一片，其实笔笔都是内心的反映。他已经不太关心所要表达的对象到底怎样，他完全是在表达自己的感觉，自己心中的主观意思而已。他的大写意山水使用的往往不是大笔，他的每一笔都是书法，这一笔和那一笔的构成方式，不再是很明确表达某种物象，而是符号性、象征性的，通过符号、象征引起观者的联想。

自然山川的浑厚华滋和笔墨的浑厚华滋在黄宾虹那儿形成高度统一。透过表面的所谓乱象，但可以看到一种内在的秩序，甚至能够看到造山运动所形成的律动。如同自然山川不是经过精心打扮、

《荷花》

第七章　成一家法　传无尽灯

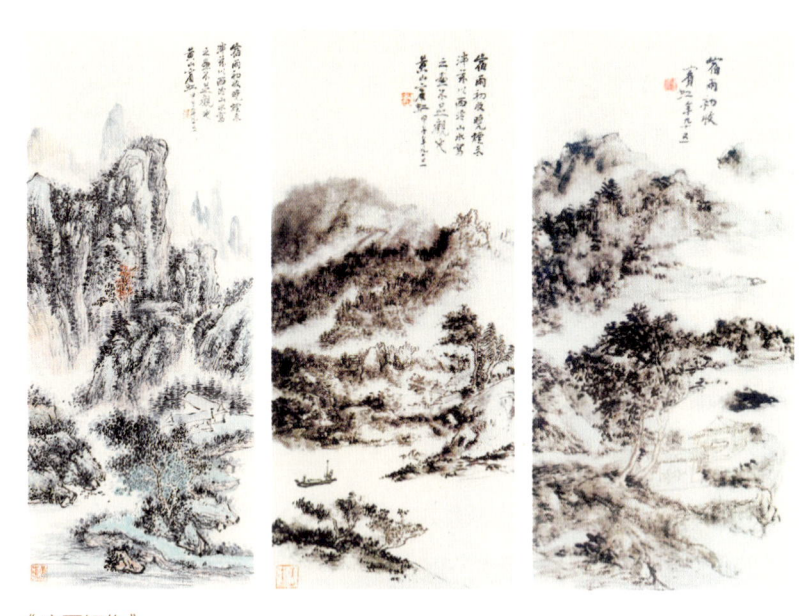

《宿雨初收》

梳理的，本身就是朴素的存在一样。

黄宾虹独特的个人面貌和绘画语言，使得他笔下的一座山、一群山，实际上都是一个充满生命活力的内心世界的展现。

"它时遇好而有力者，同嗜好此，或荷传播，胜过大痴哥（黄公望）待五百年后期赏音也。一笑！"这"一笑"，当是对自己无限自信的表达。

中国美术学院教授吴敢说："我觉得黄宾虹最大的一个特点就是挖掘到了中国画的民族性，他在这一点上做出的贡献是非常巨大的。而且正是在这个层面上，在当时这样的一个历史背景下，好像觉得中国画已经穷途末路了，正是他的这种认识，使很多人的观念发生了改变，我觉得一直到现在为止，就是给后来者提供了巨大的力量源泉，就是浑厚华滋，民族性，温柔敦厚。这是我们中国绘画当中非常显著的特点，他觉得西方的绘画过于外露。在这个根本的问题上,他开始深究,里面这个画学的一个完整的体系作为支撑,我觉得他是建构,从民族性这一点出发,建构了整个画学的体系,所以说,在近现代的这些大师当中,他是最为成功的一个。"

"比如说中国画最重要的是表现什么?他觉得是内美。那么内美如何去发现、表达出来呢?他说内美静中观,静观了之后通过笔墨呈现出来。他对笔墨进行了一系列的研究。他又说到了人,由人,再去说民族性。所以我觉得他实际上是一环扣一环。他在绘画上的这种探究,他对自己一步一步在做什么,是很清楚的。"

"我觉得他始终保留了年轻时候的那种热情。年轻时候投身革命,反清,在他的画里面,实际要求变革的这种精神,始终存在。但是他又把这个存积和变革的尺度把握得非常好。所以他的画在一些最根本的因素上,不但存积,而且发扬。另外在一些比如像色彩,在构成方面,他实际上又是能够不泥古,能够吸收一些西方

黄宾虹像　　　　　　　　　　　《山水》

的影响，他觉得他的这个尺度把握得非常好。"

"这和他多方面高深的素养非常有关系，因为当时像他这样做的人凤毛麟角。他在中国绘画之外很多学问方面，都有很深厚的底蕴。他把金石学精粹的东西运用到了绘画上。他屡次在这个提法里面说到'线中心'，这个'线中心'里面就包含了金石学一个很大的工具在里面，他非常看重这一块。对于他绘画的那种苍茫浑厚风格的形成，我觉得有很大的帮助。"

"黄宾虹的绘画是中国画史上难得一见的一个比较完美的一个过程。由于中国画史上的种种原因，比如寿命不够长，或者其他条件的限制，没有成熟到感觉像是果子熟了，从树上掉下来这样一个过程。但黄宾虹先生在他的绘画中，展示了这样一个过程。虽然他自己到最后还不满意，他觉得自己还可以更进一步，这个过程我觉得也是不断地脱离皮相追求本质的过程，所以他的东西越往后，实际上越想往源头上追溯，最后就追溯到笔墨上，追溯到点，最本质的东西。"

画家陈向讯说："黄宾虹对我们专业从事中国画创作的人来说，喜欢他是非常正常的。为什么这样说？因

黄宾虹像

《赠叔通先生》

《为居素作山水图》

为他的画所包含的东西太多。无论从他的画面单一的作品，或者整个作品应映出来的表现语言也好，最终的意境也好，包括他画后的修改，他的一种叙述性的积累建立等等，都包含了非常多的东西。所以说，肯定会让我们去欣赏他，去研究他，去看他画里所包含的一切东西，这也是大家和普通画家的区别。一个普通的画家，可能会觉得包含的东西并没有那么多。事实上，黄宾虹的画里带有非常非常多的东西，用我们现在的话来讲，信息量非常大。所以说肯定会有很多人喜欢。"

"如果从他的画面直观来说，从笔墨这种表现语言当中所建立起来一种品格，最终从那种画面传达给我们的那种意境，是非常了不得的。他建立了一个完整的笔墨表现形式，或者说是他自己很独特的一种创作体系，这对我们来说都有非常大的启发。"

"黄宾虹的修养非常好。他一辈子从理论到实践，从各方面，加上他一生的用功，笔墨所传达出来的东西，是非常有价值的。"

有这样一个问题："为什么觉得黄宾虹的画黑呢，就是整个画院也有一些专家说黑画最难搞，为什么觉得黑的画比较难？"陈向讯说："从我们专业的角度来讲，这是他的一种'墨式'。墨式，通俗地讲，就是一种黑色。但有一点必须清楚，中国画的创作模式不是简单的黑，也不是一个简单的黑色，是非常丰富的一种表现的一个最重要的手段，黄宾虹他能够把这个手段运用得非常透彻。通俗点讲，画得很黑，就是一遍一遍地画，一层一层加上去，加得很厚，很黑，但他能够把我们看起来是一个对立的矛盾，完全统一在一起，手上的功夫非常好。他对这个'墨式'的运用，或者水的运用，或者用笔等等这一套形式语言的使用，已经非常有自己的性格了。"

关于黄宾虹对现代中国山水画的贡献是什么，陈向讯说："这个贡献首先是对历史,我们今天的人就是站在历史的一个点,面对过去和将来。通俗讲我们面对传统,因为中国画有很长的传统历史在那里,如果讲有高峰的话,那么宋代有宋代的高峰,元代有元代的高峰,到了明清也有自己的发展。作为后人来讲,比如说他相对于过去的传统来讲肯定要发展,没有发展的话,这个美术史是没有办法写下去,历史肯定是发展的。怎么来发展呢?那就是无数的画家、创造者,在完成这个事情,那么这个当中肯定会涌现出像黄宾虹这样的大家,他们就是对历史做出了一个非常好的回答,用自己的作品。相对于传统,相对于未来,所做的事情,就是有别于传统,但不可能完全脱离传统。你肯定要面对将来,要面对未来的发展,只有这样,你才是一个对历史做出贡献的人,因为你重新书写了美术史。跟传统,跟未来都是有关联的。"

1953年春,黄宾虹小影

"我觉得,不是历史选择了黄宾虹,而是黄宾虹选择了历史。因为他自己有非常深厚的学养,他非常了解过去,非常了解中国画的发展,也非常了解历代的画论、画史。他非常清楚中国文化在中国画里面到底需要什么,或者说核心东西到底是什么。黄宾虹传达出来是一种境界,他能够把我们大家认为的一些表现手段,一些笔墨语言,从一种品质的塑造上升为一种境界的追求,这是很完美的。很多艺术家可能就只有一种形式上的追求,没有一种境界上的追求,或者说达不到这种境界的要求,黄宾虹完成了。所以说他是一个非常了不起的大家。"

画家张桐瑀说:"黄宾虹的绘画实际上真正和古代文化一脉相承,中间没有断裂的链条。黄宾虹的绘画是一种超脱,超越了时代,带动了时代。因为在他那个时代,人们对传统经典的认识还是以往的认识,所以他感到很孤独,感到有些不合时宜,他已经远远超出了同辈,远远超出了所生活的时代,因为他是充满了文化自信才这样的。"

1953年9月,黄宾虹在杭州市第一人民医院接受白内障手术时,遇到了儿时塾师、时任医院院长李灼先的孙子李挺宜。手术后视力刚恢复,黄宾虹就提笔画了一幅《狮山图》送给李挺宜,描绘的就是憩园和背后的狮子山。黄宾虹在题跋中写道:

狮子山,金华西郊十五里。林壑鲜妍,一峰昂首。旧有罗石听松楼、琴儿、梅窝等胜,遗址尚存。挺宜世居峰麓,家筑憩园。余忆髫龄,从令先祖读书郡垒,得闻汉宋诸儒训古性理之学,兼习文辞书画,浏览所藏兵农古籍,如目前事……今晤院长浙杭,因写斯图以志欣幸。文字中充溢着感激之情。

1869年,由于世道混乱,不足6岁的黄宾虹随父亲避乱至罗店,就是宿居在李灼先的憩园中,从李灼先、李咏棠兄弟二人学习。

黄宾虹在《九十杂述》中还不忘回忆憩园的幽雅:"访憩园,所居有狮山、龙洞之水流,居人多莳兰蕙、栽佛手为业。"

可惜的是,《狮山图》仅存有照片,原画毁于"文革"。

天空有一朵云,云上人多莳兰蕙、栽佛手——即使到了天堂,他们也不愿意改业。

黄宾虹手术医治白内障后,满怀重获光明的喜悦。他说,俗语六十转甲子,自己90岁了,也就是说只有30岁,正可努力。于是,他自订了《宾虹画学日课节目》：

一、广收图籍。分画史、画评、画考、画录四大类。生平竭力搜求，凡古今出版、新旧抄录、线订洋装，于美术丛书印行之外，无不汇罗购置，节衣缩食，得若干卷，另编全目，以备参考。

二、考证器物。分古今传摹，石刻木雕，甲骨牙角，铜铁铅锡，陶泥瓷料。公私收藏，残缺花纹，在所不弃。

三、师友渊源。国学宗教，汉儒训诂，宋儒性理，兼综道释，集思广益。良师挚友，实增见闻。西学东渐，声光电化，日愈发明，科学哲学，不能偏废。近且东方学术灌输海外，极深研究。于绘画讨论，精益求精，缄札往还，别详记录。

四、自修加密。社会习惯声气标榜，各分门户，流弊已久。拙性恬淡，杜门不出，诵诗读书，期于有用，学习余闲，惟以画事为休息娱乐，笔墨游戏，古今得失，品诣优拙，取长舍短，不以徇人。虽目疾中，未曾间断，积纸累笑，自求进步，不敢言成就也。

五、游览写实。东南浙赣闽粤，桂林，阳朔，漓江，浔江一再溯洄，新安山水，淮阳京口，大江流域。上至巴蜀，登青城、峨眉，经嘉陵、渠河、嘉州，出巫峡荆楚，以及匡庐、九华诸山，写稿图形。江南名胜

《宿雨初收》1954年　　《山中话旧》1954年

如五湖三江，金焦海虞，天台雁荡，兰亭禹陵，虎丘钟阜，风晴雨雪，四时不同。齐鲁燕赵，万里而遥，黄河流域，游迹所到，收入画囊，足供卧观，不易胜述。

六、山水杂著。记录备忘，古今奇字，前所未言，报纸新闻，间经披露，良渚古玉，三代图腾，敦煌写经，六朝佛像，抄存汇稿。在董理中，兹举其凡，不尽缕缕。

这哪里是"画学日课节目"，完全可以称作一项"画学工程"，一个90岁老人信念中所要完成的浩繁而庞大的建筑工程，泥瓦土木、钢筋水泥、飞檐翘壁、雕梁画栋，他是在用生命验证着有关建筑的哲学观念：凝固的音乐，石头的史书——黄宾虹想要建筑的是纸上音乐和山水大书，当然，也可以说是一座古典祭坛。

黄宾虹拓展了传统山水绘画的笔墨，创造了整体感视觉感极强的新的山水画样式。他所画山川气势磅礴，那些纵横交错，层层重叠黑而厚重的画面，惊世骇俗，力求摆脱具象束缚，貌似粗疏，内涵却极为丰富，笔和墨的融合达到了随心所欲的地步。通过笔墨中黑与白的对比，使黑色黑得格外响亮，白色白得格外纯净，就好似钢琴的黑白琴键，如果奏响，黑键的男低音和白键的——倘若让一只白鹭栖落在琴键上，那将会是一种什么声音？

黄宾虹的绘画不但源于传统，同时还源于我们民族的文化精神。

黄宾虹一步一步

黄宾虹与来访者交谈

成为被后人誉为"千古以来第一用墨大师"的艺术家。

应京剧表演艺术家盖叫天之请,为之题写寿墓横额"学到老"三个字——准确说,这三个字也是黄宾虹一生身体力行的座右铭。

黄宾虹91岁时画了一幅《宿雨初收》,他感慨地说:"或许我可以成功了。"

有人问画家许江:"在您的心目中,黄宾虹是一个什么样的人?"许江说:"黄宾虹无疑是中国20世纪屈指可数的几位艺术巨匠中的一个。这样讲,不仅仅因为他曾跟我们学校结有不解之缘,作为后辈,仰望大师的面容这样来说的。从他的艺术了解他的人生,觉得他真是像潘天寿所言,是五百年不出的一个巨匠。我不是画中国画的,我是画油画的。但黄宾虹的意义不仅仅对于画中国画,对于所有艺术的后来者,他都是一个楷模,他都是一个最为丰富的精神资源,从这个意义上来说,他是一个了不起的大师。"

"我觉得黄宾虹的艺术,尤其他这样的人生,看起来波澜不惊,也没有很多人生危机,但是他一条线索走下来,我们看到一种很少见的,集自己一生六七十年的努力,最后慢慢慢慢形成一个高峰的人生历程。中、西都有很多很年轻就著名的一些艺术家,但像黄宾虹这样集一生的努力,最后厚积薄发,甚至由于白内障几乎失明的时候,他画自己心中的山水,黑密厚重,取得了中国传统中国画的一个伟大的突破,我个人认为那是中国传统山水画的一个新的高峰。这之前,他毕生的经历仿佛都在为这个突然到来的高峰做准备,这是罕见的,了不起的。一直到他1955年去世,他把所有的作品捐给国家,如果没有记错的话,有五千多件,收藏的中国传统绘画有一千多件,还有一批他的手稿,这是一批伟大的遗产。"

"我觉得,我们不要太重视市场,市场仅是一种标准,而且是个不太重要的标准。真正的标准还是艺术本身，还是艺术家的心胸世界，像黄宾虹这样，最后把自己所有的成果交给国家。所以我觉得，他是我们所了解的先辈当中最伟大的一个。"

对于同样问题的回答，现任中国文联副主席、中国美协副主席的画家冯远这样说："黄宾虹在近现代、现当代的这么多中国画家中间，应该说是学术分量、艺术水平、研究成果最完整的一个。黄宾虹是现当代中国画一个重要的代表人物，也可以说是文人画的一代宗师。我用宗师这个词，是对他的一个综合评价，学养、技艺、艺术才华，和他对美术史发展的贡献。浙江博物馆现在还馆藏他两三千件作品。"

"黄宾虹是一个大器晚成的中国画家、当代中国画的大师，他对中国近现代绘画的精华，保留得非常完整，同时在现代绘画，在中国绘画的传统形态，在语言技法变化的过程中，达到了一个相当高的境界。对他的艺术成就，无论怎样讲，对我们后者的启发、影响，和对美术史的意义，都是无可估量的。"

尾 声

像是等待一个节日。

是的,可以说,命运已经玉成了他。

黄宾虹在一幅山水画上有这样一段题跋:

> 竭力追古,遗貌取神,成一家法,传无尽灯,其与韩、柳、欧、王有功古文辞,无有差别。

唐宋年间以韩愈、柳宗元和欧阳修、王安石为代表的"古文运动",是一次语言革新运动,已然成为一种文化价值的守望。

"传无尽灯"——当他端着一盏油灯走过来时,他的那些笔墨线条仿佛刚刚从睡梦中苏醒过来一样,毫无疑问,黄宾虹已经为自己、为后来人赢得了群山后面无尽的天空。

1955年2月4日,黄宾虹病中作画。胡一川

傅雷的儿子傅聪在一次接受采访时说他父亲曾经说过:"黄宾虹先生如果在七十岁去世,他在中国绘画史上会是一个章节。如果在八十岁去世,他就会是一部书。他是九十岁以后去世的,所以说,他已经是一部大辞典!"

《秋葵》(局部)

明代王世贞有言："山水至大小李一变也，荆关董巨又一变也，李成范宽又一变也，李刘马夏又一变也，大痴黄鹤又一变也。"王世贞这话猛一听像是变魔术。天黑了天亮了，天阴了天晴了，我们不着急，看这唐宋元明清山水还能变成啥模样 —— 这不，我们又看见了黄宾虹的模样。

1955年3月25日凌晨，黄宾虹喃喃自语地念了两句诗："呸！何物羡人，二月杏花八月桂；呸！有谁催我，三更灯火五更鸡。"

参考书目

◎ 王伯敏编《黄宾虹画语录》，上海人民美术出版社，1961年。
◎ 黄宾虹研究会编《黄宾虹研究论文集·墨海青山》，山东教育出版社，1988年。
◎ 赵志均编著《画家黄宾虹年谱》，人民美术出版社，1990年。
◎ 黄宾虹：《中国画名家作品粹编·黄宾虹画集》，浙江人民美术出版社，1992年。
◎ 黄宾虹：《黄宾虹文集》，上海书画出版社，1999年。
◎ 黄宾虹：《黄宾虹画集》（上、下卷），人民美术出版社，2003年。
◎ 傅敏编《傅雷家书》，当代世界出版社，2006年。
◎ 杨樱林编著《中国书画名家画语图解·黄宾虹》，中国人民大学出版社，2009年。